Paris, 19 Avril 1859.

A l'assemblée générale du 16 février dernier, mes amis et moi nous avons repoussé de toutes nos forces la transaction injuste pour laquelle M. Brett et ses adhérents voulaient surprendre votre consentement, qu'ils ont obtenu, en effet, dans la réunion du 23 février suivant, réunion dont la nullité aujourd'hui est reconnue. Nous avons alors demandé aux tribunaux la destitution du Gérant et la nomination d'un administrateur judiciaire provisoire, pour convoquer une assemblée générale, afin de nommer son successeur.

Le temps manquant pour obtenir jugement avant le 19 courant, l'affaire a été remise à une audience ultérieure, à condition que M. Brett donnerait sa démission *pure* et *simple*, sans approbation de ses comptes, — et que la séance du 23 février serait considérée comme nulle et non avenue, ainsi que la nomination des membres du Conseil de surveillance intervenue ce jour-là.

Nous avons donc délivré notre Société de la gérance du sieur Brett, et sans qu'elle ait à subir ses conditions inadmissibles.

C'est, en tout cas, un à-compte certain de 200,000 fr. sur les deux millions au moins que doit nous procurer l'apurement des comptes de MM. Brett et Millaud, lorsque notre Société sera débarrassée de leurs mandataires trop habiles.

Nos Statuts exigent du Gérant une garantie de 500 actions (125,000 fr. au pair), et pour chacun des membres du Conseil de Surveillance 100 actions (25,000 fr. au pair). Le rapport de MM. Chatard et consorts (10 janvier 1859) vous propose de réduire la garantie pour ces derniers à 50 ou 60 actions,

soit, d'après la valeur actuelle, 3,500 ou 4,200 fr., et pour le Gérant à 250 ou 300 actions, soit 17,500 ou 21,000 fr., garantie dérisoire, en effet, pour les fonds qui doivent passer par ses mains, et qui indique le peu de confiance que les aspirants à la place ont dans notre Société, où ils viennent demander 12,500 fr. d'appointements.

Les actions ayant baissé depuis la formation des Statuts, une proposition d'augmentation du nombre d'actions, requis comme garantie, ne serait que rationnelle et prudente. *J'y appelle toute votre attention*, ainsi que sur le besoin de nous procurer un Gérant honnête et capable, et un Conseil de surveillance en qui nous pourrons avoir confiance. Qu'on prenne nos affaires à cœur ; qu'on nous les explique sans détour, sans l'assistance à nos assemblées générales de ces hommes qui se font un métier de venir y plaider la cause du Gérant contre les Actionnaires ; qu'on renvoie les employés qui voient *des ennemis de la Société* dans ceux qui déjouent les manœuvres d'un Gérant infidèle, et la Société peut se relever et marcher avec succès, avec le concours de tous !

A. RUYSSENAERS.

2, rue Saint-Arnaud.

1860 Renou et Maulde.

A MM. LES ACTIONNAIRES

DU

TÉLÉGRAPHE ÉLECTRIQUE SOUS-MARIN DE LA MÉDITERRANÉE

Messieurs,

A l'assemblée générale du 16 février 1859, j'ai signalé quelques-uns de nos griefs contre le gérant, M. John W. Brett. Je me suis alors engagé à vous les communiquer imprimés et accompagnés des documents officiels, relativement aux traités onéreux conclus par lui pour notre Compagnie, et à ses négociations, au sujet des lignes sous-marines de Cagliari à Malte et Corfou, et de celle de Raguse (Autriche) à Alexandrie (Égypte), ligne rivale de la nôtre. Je me bornerai à vous indiquer les faits à ma connaissance ; j'aurai bientôt occasion de les exposer, avec preuves à l'appui, aux tribunaux.

I.

M. Brett nous a annoncé dans ses différents prospectus (Voir l'Appendice) :

1º Un contrat à forfait pour l'exécution complète du Télégraphe de la Spezzia à Tunis (tous frais compris), *aux risques et périls des entrepreneurs ;*

2º Des bénéfices considérables pour les souscripteurs *sans aucune chance de perte ;*

3º Une convention *stipulée* avec le Gouvernement anglais et la Compagnie des Indes (pour prolongation au delà de l'Algérie) ;

4º Prolongation de nos lignes jusqu'aux Indes, l'Australie et la Chine ;

Cependant, M. Brett n'a justifié ni d'avoir fait *ce contrat* à forfait ni d'avoir stipulé *cette convention* : au lieu de procurer *la prolongation de nos lignes*, il l'a entravée par ses traités avec les Gouvernements et par ses contrats pour l'établissement de lignes rivales de la nôtre ; enfin, au lieu de *bénéfices considérables*, nous n'avons eu que des pertes.

M. Brett nous a annoncé, dans un de ces prospectus, son droit à 1/5 des bénéfices nets au delà de 5 0/0, mais sans faire aucune mention du *million* qu'il s'était attribué comme concessionnaire.

II.

A l'endroit de la souscription des actions, M. Brett a varié à chaque instant son langage ; il s'est tellement contredit, qu'on ne sait où trouver la vérité. Il a prétendu :

Dans un prospectus anglais (mai 1853), SARDAIGNE, souscrites : 16,000 ; PARIS, souscrites : 10,000 ; laissant pour l'ANGLETERRE : 4,000.

Dans un prospectus français (1853) : en SARDAIGNE, souscrits : 15,000 ; réservant pour LA FRANCE et L'ANGLETERRE : 15,000,

Dans un autre prospectus français (1855), SARDAIGNE et ANGLETERRE, souscrites : 26,000 ; pour la FRANCE, 4,000 ont été seulement réservées,

Dans sa lettre du 30 mai 1856 au secrétaire de la Trésorerie anglaise : « La Compagnie de la Méditerranée a été établie en mai 1853 avec un « capital de 300,000 liv. sterl. entièrement *souscrit et versé en entier* (1). »

Dans la lettre du secrétaire de la Société à Londres, M. De La More, datée du 17 septembre 1855, à Sir C. Trevelyan Bar^t : « Le capital de cette Com- « pagnie est de 300,000 liv. st. divisé en 30,000 actions de 10 liv. st. « chacune, *qui ont été souscrites et pour lesquelles tous les versements ont été* « *faits* (1). »

Dans son rapport aux actionnaires du 8 juillet 1858 : « Souscrites à PARIS « jusqu'au 31 décembre 1853 : 723 actions ; — souscrites en ANGLETERRE, « vers la fin de 1854 : 5,161 actions. »

Dans sa lettre du 3 sept. 1856 au Ministre de l'Intérieur, M. Brett prétend que 349 actions seulement avaient été souscrites en France à la fin de 1854.

Dans son rapport aux actionnaires du 8 juillet 1858, M. Brett déclare avoir vendu, par l'entremise de MM. Pavia, Travi et Cie, à Turin, les 4,000 actions qu'il s'était attribuées pour prix de son apport dans la concession.

Dans ce même rapport, ainsi que dans son traité du 23 août 1855 avec M. Millaud, il dit vendre ces 4,000 actions à ce dernier.

Enfin, de ces *4,000* actions réservées pour la France, M. Brett a vendu à M. Millaud :

---

1) Ces lettres se trouvent aux pages 287 et 296 du *Blue book*, indiqué dans la note n° 7 à la page

Par traité secret du 23 octobre 1855 (1) : 4,000 actions.
Par traité du 14 février 1856 (2) : 1,500 actions.

---

(1) **Traité passé, le 23 Octobre 1855, entre MM. Brett et Moïse Millaud, ainsi conçu:**

« Entre les soussignés, M. John W. Brett, Directeur-Gérant de la Compagnie du Télégraphe élec-
« trique de la Méditerranée, connue sous la raison J. W. Brett et Cⁱᵉ, demeurant à Londres;

« Et M. Moïse Millaud, demeurant à Paris, rue Saint-Georges, 51, a été convenu ce qui suit :

« ARTICLE PREMIER. — M. Brett vend, cède et transporte à M. Millaud, ce acceptant, les quatre
« mille actions de deux cent cinquante francs chacune, qui lui appartiennent, comme représentation
« de son apport dans la Société susdite.

« ART. 2. — Le prix de ces quatre mille actions est fixé à six cent soixante-quinze mille francs, que
« M. Millaud s'oblige de payer : 1° Deux cent mille francs espèces contre livraison de mille actions;
« 2° Deux cent cinquante mille francs, le 23 janvier prochain, contre la livraison de quinze cents ac-
« tions; 3° Deux cent vingt-cinq mille francs, le 23 février, suivant la livraison des quinze cents
« dernières actions. Les deux derniers termes de paiement pourront être représentés par deux accepta-
« tions de M. Millaud sur des traites de M. Brett auxdites échéances, en délivrant les trois mille actions
« qui ne devront être émises qu'en janvier et février.

« ART. 3. — Les premières sommes touchées par M. Brett seront consacrées à remplacer la partie
« du câble qui est en ce moment immergée et qui ne pourrait être relevée sans des détails qui retarde-
« raient trop longtemps la mise en activité du télégraphe.

« ART. 4. — M. Millaud, pour le placement des actions dont il *est et sera* (*) propriétaire, *aura le*
« *droit de faire à ses frais, au nom de la Compagnie, toutes les annonces que bon lui semblera;* il pourra
« continuer à recevoir les versements de ses souscripteurs dans les bureaux de la Compagnie, à y
« faire délivrer des récépissés, des certificats provisoires et les actions.

« ART. 5. — Jusqu'à la délivrance des actions que possède M. Millaud, *aucune détermination et me-*
« *sure, relatives aux actionnaires, ne pourront être arrêtées et exécutées sans le concours de* M. Millaud.

« La personne qu'il proposera à cet effet sera, dans les bureaux et pour la correspondance, seule
« en rapport avec les souscripteurs de M. Millaud, M. Brett donnant tout pouvoir à cet effet.

« ART. 6. — M. BRETT FERA LE NÉCESSAIRE POUR QUE M. MILLAUD OU LA PERSONNE QU'IL DÉSI-
« GNERA (**) SOIT ADMISE COMME MEMBRE DU CONSEIL DE SURVEILLANCE DE LA COMPAGNIE.

« ART. 7. — Lors de la formation de la Société nouvelle pour l'extension du télégraphe méditerranéen
« jusqu'à Malte, Corfou, Alexandrie, l'Égypte et l'Inde, M. Millaud aura pendant un mois, à compter de
« la mise en souscription des titres, le droit de prendre six mille actions au pair ou une moindre
« quantité. Lesdites actions doivent être au capital de 250 fr. (dix livres sterling) au moins.

« ART. 8. — Les présentes conventions annulent toutes autres relatives à la vente, au profit de
« M. Millaud desdites 4,000 actions.

« Fait double à Paris, le 23 Octobre 1855.

« Approuvé l'écriture.　　　　　　　　　« Signé : MILLAUD; JOHN W. BRETT. »

(Rapport présenté par M. Charpentier, membre du Conseil de surveillance, à l'assemblée générale des actionnaires,
le 16 Février 1859, pages 5, 6, 7).

(2) **Traité passé le 14 Février 1856, entre MM. Brett et Moïse Millaud, ainsi conçu:**

« Entre les soussignés, M. John W. Brett, demeurant à Londres, Hanover square;

« Et M. Moïse Millaud, demeurant à Paris, rue Saint-Georges, n° 51.

« A été fait ce qui suit :

« M. Brett vend à M. Millaud quinze cents actions de la Société Brett et Cⁱᵉ, dont il est le gérant,

(*) On voit que le cas de toute spéculation était prévu.

(**) Cette personne est M. Eugène Chatard, jadis de Fargeas

La souscription ouverte, aux bureaux de la Compagnie pour l'émission de es 5,500 actions en 1855 et 1856, s'est montée à un chiffre fabuleux (1).

Après avoir réduit ces souscriptions, on a distribué aux souscripteurs 12,000 actions au moins; et cependant M. Brett prétend qu'il en reste encore aujourd'hui 1,278 soi-disant non émises; il est inadmissible qu'elles n'aient pas été déjà émises, ces *1,278 actions dont les numéros ne se suivent nullement* et qui portent l'estampille de *dividendes payés*.

Même en laissant de côté ces 1,278 actions (que l'on nous offre maintenant pour représenter, selon ces messieurs, 319,500 fr.), probablement d'abord émises (3) et rachetées au rabais par M. Brett (afin de profiter de la différence du prix de rachat à la valeur normale de 250 fr.), il s'en suivrait toujours que, pour émettre 12,000 actions, quand il n'en restait que 4,000 (des 30,000 actions formant notre capital), on aurait dû *créer* 8,000 actions *nouvelles* (2).

« et qui est connue sous la dénomination de Compagnie du Télégraphe de la Méditerranée, chacune
« au capital de deux cent cinquante francs.

« M. Millaud reconnaît être en possession desdites actions et il aura droit aux intérêts et dividendes
« depuis le 1er janvier dernier.

« Le prix de cette vente est fixé à trois cent mille francs, qui sera payable par huitième de semaine
« en semaine, à Paris, dans les mains de la personne qui sera indiquée par M. Brett. Il est convenu
« que ces trois cent mille francs seront exclusivement consacrés à payer le câble électrique qui doit
« être placé entre Cagliari et l'Algérie, lequel est en confection chez MM. Tupper et Cⁱᵉ.

« Pour le placement des actions, M. Millaud continuera à l'opérer sous le nom de MM. Brett et Cⁱᵉ et
« dans les bureaux de la Société, comme par le passé.

« Fait double à Paris, le 14 Février 1856.

« *Signé :* M. MILLAUD.
« J. W. BRETT. »

(1) Voici ce que l'on a écrit à un souscripteur de CINQUANTE actions :

« Par suite de la faveur extraordinaire qui s'est attachée à la souscription qu'elle avait ouverte, la
« *Compagnie du Télégraphe électrique méditerranéen* s'est trouvée en face d'un très-grand nombre de
« demandes; sur celle que vous lui avez adressée, *elle vous attribue* VINGT *actions.* »

(2) Par une lettre en date du 17 février dernier, portant la signature d'un employé de la Compagnie, M. Brett vient de faire attaquer le rapport de M. Charpentier, seul membre du Conseil de surveillance qui nous ait communiqué le traité secret Brett-Millaud. Cette lettre, en accusant M. Charpentier d'être resté étranger à l'art de calculer, prétend que les comptables de la Compagnie n'ont appliqué à la construction de la comptabilité que les règles les plus élémentaires de l'arithmétique.

Selon ces mêmes règles qu'on invoque, il est cependant impossible que :

4,000 actions $+$ 0 actions $=$ 5,500, ou que

4,000 actions $+$ 0 actions $-$ 12,000 actions $=$ 1,278 actions (présentées à la charge de la Société).

(3) Puisque, d'après la lettre de M. Brett au secrétaire de la Trésorerie anglaise, du 30 mai 1856, *tout le capital a été souscrit et versé* (Voyez page 2, alinéa 5).

Des actions portant *certains numéros* ont été émises aux bureaux de notre Compagnie, avec des indications inexactes à l'encre rouge (*intérêt annuel 12 fr. 50 c.* (1), *émission 1855*), tandis que déjà, en **1853** et **1854**, des actions portant *ces mêmes numéros* avaient été émises sans cette *addition*.

La même chose s'applique à d'autres actions en circulation, dont la preuve de *double émission* par la Compagnie est peut-être **plus** difficile, mais non impossible.

Une vérification de tous les titres seule pourrait établir si la gérance, faisant double emploi, a émis plus d'actions que 30,000.

III.

M. Brett ne nous a jamais tenu compte des actions sur lesquelles on n'avait fait que deux versements (2).

Un très-grand nombre d'actions avaient été souscrites par différents capitalistes auxquels on avait délivré des certificats provisoires, sur lesquels ils avaient versé, les uns et les autres, des sommes différentes : 50, 100 ou 150 fr.; ces souscripteurs ne s'étant pas exécutés, leurs certificats ont été rachetés (3) à vil prix (50 fr. au maximum). Ces mêmes actions ont été émises à 250 fr., et on ne nous a pas tenu compte de la différence importante qui aurait dû revenir à la Société (4).

IV.

Sur quelques actions, la gérance a payé ou fait payer, *quatre* semestres de

---

(1) Cette indication est d'autant plus grave que le Gouvernement français, bien loin de garantir 12 fr. 50 c. par action, ne promet de garantie à raison de 5 p. 100 que pour le capital *employé* et sous l'accomplissement de certaines conditions.

(2) « Nous avons vainement réclamé à plusieurs reprises, dans les procès-verbaux ou notes, la liste « des souscripteurs et le total des intérêts payés. *On ne nous a jamais parlé du compte des actionnaires* « *qui n'ont fait que deux versements.* »
    (*Rapport de M. Charpentier, membre du Conseil de surveillance, du 16 février 1856, pages 8 et 9*).

(3) Dans les pièces du compte de M. Brett, nous trouvons, à des dates antérieures et postérieures à l'émission de 1855-56, des reçus de commissions payées à diverses personnes POUR ACHAT D'ACTIONS, le montant de ces commissions est d'environ 40,000 fr.
    (*Rapport de M. Charpentier, du 16 février 1859, page 8*).

(4) Pertes d'argent pour la Société, par suite des ventes d'actions à deux versements, 150 fr.; achetées à 50 fr. et revendues à 250 fr., c'est 100 fr. par action qui échappe à la Société.
    (*Rapport de M. Charpentier, du 16 février 1859, page 13*).

dividendes, sur d'autres *trois* et sur d'autres enfin seulement *deux* dividendes semestriels. La gérance a refusé de rétablir cette injustice faite en faveur de quelques privilégiés à Paris et à Turin. Il nous faudrait connaître le pourquoi *de cette préférence* accordée.

V.

La comptabilité a été faite après coup, les principaux livres manquent et déjà en mai et juin 1857 l'encaisse manquait (1).

M. Brett nous a annoncé, le 28 décembre 1857, que le Gouvernement piémontais nous devait 300,000 fr., *en dehors de la somme due pour le montant des taxes des dépêches transmises dans l'île de la Sardaigne depuis le 15 avril 1853 jusqu'au 31 décembre 1857*. Dans sa lettre du 1ᵉʳ janvier 1858, M. Brett omet cette dernière somme, indiquant 300,000 fr. *en tout* (2). Rien de ceci n'est véridique ; j'ai la preuve en main que le *montant de la garantie* sarde, depuis le 15 avril 1855, jusqu'au 31 décembre 1857, a été réglé à 310,000 fr.

M. Brett a mis en compte, pour l'établissement des lignes terrestres en Corse et en Sardaigne, des sommes dépassant tout ce que jamais télégraphe terrestre a coûté ; cependant la gérance ne justifie ces sommes ni par factures, ni par reçus des entrepreneurs (3).

---

(1) Dans l'Assemblée du 15 juin 1857, M. Mallat de Basillan, membre de la Commission pour la vérification des comptes, vous a indiqué cet état, contraire à toute régularité commerciale. Sa voix fut étouffée.

(2) « *Indépendamment de ces 300,000 fr.*, qui « seront versés à la Compagnie aussitôt que la « loi nécessaire pour confirmer la convention « aura été rendue par les chambres piémontaises, « *le Gouvernement sarde aura à nous payer une* « *somme encore à déterminer pour le montant des* « *taxes des dépêches transmises dans l'île de* « *Sardaigne*, pendant la même période, du « 15 avril 1853 au 31 décembre 1857. »
(Lettre du Gérant aux actionnaires. Paris, 28 décembre 1857).

« *Cette somme de 300,000 fr. sera versée à la* « *Compagnie* aussitôt que la loi nécessaire pour « confirmer la convention aura été rendue par les « chambres piémontaises, *toute comptabilité entre* « *le Gouvernement et la Société relative aux frais* « *d'exercice et aux taxes des dépêches ayant été* « *arrêtée et compensée jusqu'au 31 décembre* « *1857.* »
(Lettre du Gérant aux actionnaires. Paris, le 1ᵉʳ janvier 1858).

(3) « Les comptes des entrepreneurs Berla et Monet pour les travaux en Sardaigne et en Corse échappent complétement à notre appréciation, puisque les factures et reçus de ces entrepreneurs sont restés jusqu'à ce jour entre les mains, d'une part, de M. Pavia, Travi ; de l'autre, entre celles de MM. Craye et Pennington, qui ne veulent pas, *dit-on*, s'en dessaisir qu'on ne les ait payés. »
(Rapport du membre du Conseil de surveillance, M. Charpentier, du 16 Février 1859, pages 3 et 4).

Du moins auraient-ils dû envoyer copie de ces pièces pour la comptabilité.

A ma connaissance personnelle (1), ainsi que d'après le rapport de M. Charpentier (2) et ses explications verbales, la Compagnie a le droit de rejeter du compte de M. Brett, à peu près *trois millions*.

Même le rapport de MM. Chatard et consorts reconnaît que M. Brett a indûment débité la Compagnie de sommes considérables.

Si donc nous avions accepté les comptes comme on nous les présentait, M. Brett aurait perçu ce qui ne lui était pas dû (3).

MM. Carmichaël, Chaplin et Laing avaient tort d'approuver l'état des comptes et les dépenses jusqu'au 16 février 1856 (4).

---

(1) Depuis six ans, je me suis occupé exclusivement de télégraphie sous-marine anglo-continentale, et j'ai pu m'assurer de l'invraisemblance des dépenses inouïes portées en compte par le gérant.

(2) Ce Rapport seul indique déjà les sommes suivantes (*pages 11 et 12*) :

1° Commissions pour services rendus	178,591 fr. 94 c.	
Comprenant paiement fait :		
A M. Bonelli, inspecteur technique au service du Gouvernement piémontais……… 118,000 fr.		
A M. Chatard de Fargeas (pour entremise Millaud)……… 16,250		
A M. de La More (octobre 1858)……… 2,500		
A M. Sheppard (pour rachat actions)……… 13,775		
A M. Power, employé de la Compagnie (à quel titre a-t-il reçu ceci ?) 12,500		
2° Frais de voyage à M. Brett	49,710	»
3° Perte sur la négociation Tupper et Carr (*)	125,000	»
4° Commission du banquier de l'émission de 1855-56	400,000	»
5° Commission Pichioto	300,000	»
6° Sommes qui n'étaient pas dues, par suite d'erreurs ou de mauvaise appréciation	146,257	80
7° Réduction sur les comptes Kehl, Green et Gutta-Percha et Cie	185,000	»
8° Frais non approuvés	17,000	»
9° Intérêts de 1856	12,000	»
10° Somme non justifiée par les livres et non versée	212,419	5
11° Responsabilité des 1,278 actions (*sans compter les dommages-intérêts*)	319,500	»
Million d'apport, renoncé par M. Brett, déduction faite de commission Pichiota	700,000	»
	2.645,478 fr. 79 c.	

(3) Comme preuve du peu d'exactitude de cette comptabilité faite après coup, il suffit d'indiquer la découverte dans les livres d'erreurs d'arithmétique, EN FAVEUR DE M. BRETT, comme celle de 10,000 fr. (découverte par M. Charpentier) sur un compte d'entrepreneur, ou celle de 12,000 fr. dans un compte de Tuper et Carr.

(4) « L'état des comptes et les dépenses faites jusqu'à ce jour, approuvé par MM. les membres du « Conseil de surveillance tel qu'il a été communiqué. »

(*Rapport du Gérant présenté à l'assemblée générale du 16 Février 1856, page 8, et Procès-Verbal de la même séance, page 2*).

(*) Lors de l'examen de la comptabilité, en 1857, cette perte ne s'y trouvait pas.

VI.

M. Brett a demandé à l'assemblée générale du 15 juin 1857, et obtenu d'elle l'autorisation d'émettre des obligations jusqu'à concurrence de 1,250,000 fr. (2). Il a fait cet emprunt pour compte de la Compagnie , après avoir employé l'encaisse de la Société à des dépenses qui nous étaient étrangères. Il a discrédité la Compagnie par cet emprunt à 7 1/2 0/0 d'intérêt (3) remboursable avec prime de 25 0/0.

M. Brett a placé une partie de ses obligations en juin 1857, par l'entremise du membre du conseil de surveillance John Masterman Jr (4), qui a reçu 6,250 fr. pour son entremise.

Pour ce placement de 2,120 obligations (212,000 fr.), M. Brett a accordé, en outre, à la Banque générale de Suisse (à Paris) 37,500 fr. de commission (5).

Ces 212,000 fr. d'obligations n'ont donc produit que 168,250 fr., coûtant à la Compagnie 15,900 fr. intérêt annuel (soit 9 1/2 0/0) et devant être remboursées à 265,000 fr. Perte pour la Compagnie, plus que 57 0/0.

D'après l'article 7 des statuts de notre Compagnie , *les commissions d'émissions doivent être déterminées par l'assemblée générale des actionnaires ;* cependant, M. Brett a accordé cette commission exorbitante sans vous consulter. L'omission de cette formalité indispensable est d'autant plus grave, qu'il s'agit ici de commissions tellement en dehors de tous les usages commerciaux, qu'on peut supposer que les actionnaires auraient refusé leur consentement à cette transaction onéreuse avec la banque générale suisse.

---

(1) « Elle autorise l'émission d'un emprunt de 1,250,000 fr. divisée en 12,500 obligations de 100 fr., « remboursables à 125 fr. en 25 ans, et portant intérêt annuel de 7 fr. 50 c. »
(*Procès-verbal de la séance de l'assemblée générale du 15 Juin 1857*).

(2) En Angleterre, l'annonce seule d'un emprunt fait à ces conditions (7 1/2 p. 100) aurait suffi pour effrayer et actionnaires et capitalistes; M. Brett le savait si bien que, dans son exposé, relativement à cet emprunt, publié à Londres en 1857, il ne parle que d'un intérêt de 6 1/4 p. 100.

(3) Condamné par défaut à Bruxelles, le 4 mars 1857, à trois ans d'emprisonnement, 3,000 francs d'amende pour ESCROQUERIE de 58,000 liv. sterl. (1,320,000 fr.), commis au préjudice des actionnaires de la grande Compagnie du Luxembourg.
(*Journal de Bruxelles du 5 Mars 1857*).

(4) Il paraît que cette banque n'a pas encore perçu et réclame toujours cette commission. Peut-être pourra-t-on la réduire encore.

D'après l'art. 7 de nos statuts, le capital social, fixé à 7 millions 1/2, *pourra être augmenté* par la création d'obligations ou de nouvelles actions, si la nécessité l'exige *pour exécuter les travaux de prolongation du* TÉLÉGRAPHE DE TUNIS AUX INDES ORIENTALES. *Ce n'est pas à ce but* que M. Brett a employé les obligations.

M. Brett nous a dit que les actionnaires anglais avaient, pour la plupart, souscrit des obligations pour l'équivalent de ce qu'ils ont d'actions (1). *Ceci n'est pas exact* (2).

VII.

Dans l'Assemblée générale du 15 juin 1857, CINQ *résolutions ont été votées.* Or, le *procès-verbal* signé de M. Millaud, du chef du contentieux de M. Millaud, Macavoy (3), de M. Mourgues, plus tard membre du conseil de surveillance, et de M. Montagne, *en contient* HUIT.

Trois ont été ajoutées sur le procès-verbal sans qu'elles aient été soumises à la Société ni arrêtées par elle (1).

---

(1) D'après ce même rapport, page 4, 5161 actions ont été négociées en Angleterre, représentant 1,290,000 fr. ; 364,900 fr. d'obligations ont été placées en tout, la plus grande part par la Banque générale de Suisse (à Paris), à raison d'une commission de 37,500 fr.

Où est donc cet équivalent de 1,290,000 fr. d'obligations prises en Angleterre ?

(2) « Cependant c'est un placement excellent, parce que, indépendamment de l'intérêt de 7 1/2 p. 100 « que ces valeurs produisent, elles sont remboursables par 25° en vingt-cinq ans avec une prime de « 1 l. st. (25 fr.) par obligation.

« Les actionnaires anglais l'ont bien compris; *pour la plupart, ils ont sonscrit des obligations pour* « *l'équivalent de ce qu'ils ont d'actions;* de cette manière, ils récupèrent, par le taux plus élevé des « obligations ce qu'ils reçoivent en moins sur les actions.

« Je vous engage, Messieurs, à prendre cette chose en considération, autant pour vous faire une « moyenne et relever la valeur des actions que pour soutenir notre entreprise. MM. Newall et Cⁱᵉ, « lorsqu'ils auront accompli leurs obligations envers la Compagnie, ont le droit d'être exigeants et de « réclamer le paiement de ce qui leur est dû. »

(Rapport de M. Brett présenté à l'assemblée générale du 8 juillet 1858, page 45).

(1) Ces trois résolutions, introduites après coup dans ce procès-verbal, sont ainsi conçues :

« 5° Elle autorise l'application à l'amortissement anticipé de cet emprunt, des ressources nettes « disponibles énumérées dans le rapport du gérant, étant entendu que le remboursement des obliga- « tions pourra avoir lieu au fur et à mesure de la réalisation de ces ressources, et sans avoir égard à « la période de 25 ans qui est un maximum. »

« 6° Elle applique et transfère jusqu'à due concurrence, à la garantie des intérêts et du rembour- « sement de ces obligations, les sommes à provenir de la garantie qui a été consentie par le Gouver- « nement Piémontais, et au besoin de la garantie également consentie par le Gouvernement Français. »

« 7° Elle autorise le gérant à prendre *tous arrangements* et consentir *toutes commissions* pour assurer « le succès de l'émission de l'emprunt, pour le règlement de l'exploitation de la ligne télégraphique et « la liquidation des intérêts dus à la Compagnie. »

(Procès-verbal de la séance de l'assemblée générale du 15 Juin 1857).

(2) L'Assemblée générale du 15 juin 1857 refusait le secrétaire que M. Millaud nous désignait et dans lequel elle reconnut une personne à lui. M. Millaud avisant, comme au hasard, une personne, lui demanda ses nom et qualité, et le proposa pour secrétaire. Il fut accepté, et paraît au procès-verbal comme *ancien avoué.* C'était ce monsieur Macavoy, alors *chef du contentieux chez M. Millaud.*

Et ces trois résolutions permettraient au gérant de compromettre le plus gravement les intérêts de la Société.

La dernière de ces résolutions avait pour but et aurait eu pour effet de couvrir la commission exorbitante accordée par le sieur Brett à la Banque de Suisse et au sieur J. Masterman junior, et tout ce que le gérant pourrait accorder encore soit pour cet emprunt ou pour toute autre chose. C'est un bill d'indemnité sur la plus large échelle.

J'avais signalé à MM. Millaud et Macavoy l'introduction de ces trois résolutions non soumises à l'assemblée, avant qu'ils n'eussent signé le procès-verbal; M. Mourgues, pendant quelque temps, a refusé sa signature à cause de cette introduction. Je possède une note qu'il m'a remise dans le temps comme preuve qu'on n'avait voté que cinq propositions, et, enfin, il a reconnu à deux reprises, en présence de MM. Charpentier et Erkmann, la vérité de ces faits.

VIII.

L'introduction de la première des trois résolutions dans le procès-verbal du 15 juin 1857, avait pour but (conjointement avec la dernière) de permettre au sieur Brett de transférer tout l'actif de la Société au nom de trois Anglais, transfert que j'ai empêché. C'est encore ledit John Masterman junior qui, en juin 1857, a conseillé à M. Brett, en ma présence, d'opérer ce transfert illégal qui lui ouvrait la perspective d'autres commissions. M. Brett a donné ordre à cet effet à M. de La More, secrétaire de la Compagnie à Londres, et a annoncé au public que ce transfert avait eu lieu (1), « *sanctionné par résolution de l'assemblée,* » résolution qui n'a jamais existé.

---

(1) « **Compagnie du Télégraphe Électrique de la Méditerranée, établie en 1853.**

« Londres, 117, Bishopsgate Street Within, le 19 Juin 1857.

« Afin de mettre cette Compagnie en état de compléter la ligne de Cagliari (Sardaigne) à Bone
« (Algérie), en août prochain, et d'assurer par là le paiement de 9,000 livres sterling par an pendant
« cinquante années, garanti par le gouvernement français, on propose d'emprunter 50,000 livres ster-
« ling (1,250,000 fr.) sur les revenus et l'*actif* de la Compagnie, qui sont comme suit :
« 1° La garantie, depuis 1855, du gouvernement piémontais de 6,000 livres sterling par an pendant
« cinquante années, d'après la loi du 17 février 1853, maintenant en vigueur;
« 2° La garantie par le gouvernement français de 9,000 livres sterling par an, d'après les lois du
10 juin 1855, et du 13 juillet 1855, qui aura effet depuis le jour que la ligne est complétée, jusqu'à
Bone, en Algérie;

M. Brett a lui-même apprécié la vérité de cette annonce dans une lettre

---

« 3° A part les revenus ci-haut, l'*actif* est estimé comme suit :

« Quatre-vingt-quatre milles du premier câble algérien.......................... 26,880 liv. st.

« Autre matériel et argent en caisse... 1,500

« Le câble submergé à la côte de Sardaigne..................................... 10,000

« Arriérés d'intérêt dus par le gouvernement sarde............................. 12,000

« 1,250 actions non émises, valeur au pair...................................... 12,500

62,880 liv. st.

« A déduire, dettes flottantes... 4,000

« BALANCE.................... 58,880 liv. st.

« Par résolution de l'Assemblée générale des actionnaires, tenue à Paris le 15 juin 1857, on a décidé « d'émettre 12,500 obligations à 4 livres sterling chacune (50,000 liv. st.), remboursables avec prime de « 25 pour 100, ou à 5 livres sterling chacune, moyennant des *tirages* périodiques faits sur l'avoir et le « revenu ci-haut, au fur et à mesure de leur réalisation. Jusqu'à ce que ce remboursement ait lieu, « les obligations donneront un intérêt de 7 1/2 pour 100 par année.

« IL A ÉTÉ AUSSI RÉSOLU *de pourvoir aux intérêts et au remboursement de ces obligations*, EN PLAÇANT « *spécialement à cet effet* L'ACTIF ET LES REVENUS DE LA COMPAGNIE AUX NOMS de *MM. J. Carmichaël,* « *baronnet, W. J. Chaplin et S. Laing.*

« Les demandes pour ces obligations peuvent être faites dans la forme ci-annexée, adressées à « MM. Ch. Devaux et Cᵉ, 62, King-William street, et aux courtiers, MM. Foster et Braithwaite, 68 « Old-Broad street; mais aucune demande ne sera prise en considération, si elle n'est accompagnée « d'un reçu de MM. Devaux et Cᶦᵉ pour versement à eux fait d'une livre sterling par action demandée, « paiement qui devra être mis au crédit de sir James Carmichaël, baronnet, MM. W. J. Chaplin et « S. Laing.

« Les autres versements auront lieu comme suit : 15 juillet, 1 liv. st.; 15 août, 1 liv. st.

« Des demandes peuvent aussi être adressées aux banquiers suivants :

« Banque générale de Suisse, rue Louis-le-Grand, 30, à Paris, et MM. Pavia, Travi et Cᶦᵉ, à Turin.

« *Signé :* Pour J. W. BRETT, gérant,

« W. DE LA MORE. »

« FORMULE DE DEMANDE.

« *Aux Courtiers de la Compagnie du Télégraphe électrique de la Méditerranée.*

« MESSIEURS,

« Je vous remets ci-inclus le reçu de MM. Ch. Devaux et Cᵉ pour.......livres sterling à eux payées « par moi au crédit de sir J. Carmichaël, baronnet, et MM.-J. W. Chaplin et Samuel Laing, et vous « prie, par la présente, de m'allouer..................obligations de la Compagnie, lesquelles, ou tout « nombre moindre qui pourra m'être alloué, je m'engage à accepter, et sur lesquelles je m'engage à « payer les autres versements, et je consens que cette demande soit considérée comme mon accepta- « tion écrite de telles obligations qui pourraient m'être allouées.

« Nom du demandeur :

« Adresse et profession :

« Nombre d'obligations demandées :

« Reçu de................., pour compte de sir J. Carmichaël, baronnet, MM. W.-J. Chaplin et « S. Laing, la somme de.....................livres sterling, *dépôt* fait conformément à ma demande « de............obligations dans la Compagnie du Télégraphe Électrique de la Méditerranée.

« ...., banquiers de la Compagnie,

« livres sterling.

(Traduction de l'annonce du Times du 24 Juin 1857).

qu'il m'a écrite pour combattre les instances que je faisais pour qu'il la retirât (1).

Après de vains appels à **MM. Carmichaël et Chaplin** à ce sujet, j'ai forcé M. Brett à discontinuer ces annonces et à les *rétracter publiquement*, et de la manière la plus formelle (2).

J'ai informé **MM. Mourgues et Chatard** de cette tentative, je leur ai envoyé les journaux anglais contenant la preuve. Ils auraient dû en informer les actionnaires.

IX.

Dans son rapport du 15 juin 1857, M. Brett prétend avoir vendu pour 672,000 fr. le câble rapporté à Londres, à la Compagnie du Télégraphe de Hull à Hanovre (3).

---

(1)   « Londres, 23 Juin 1857.

       « CHER MONSIEUR,

« Ne dites rien relativement au fidéi-commis (transfert) pour faire des objections. Tout sera satisfaisant
« comme Devaux consent à se soumettre aux conseils légaux à Paris, et Champetier, à qui j'ai confié
« la décision, dit que cela ne saurait légalement être fait sans soumettre la Compagnie à des droits
« sur tout le capital de la Compagnie, à quelque chose comme 100,000 fr.; ceci décide la question.

             « Votre dévoué,

               « JOHN-W. BRETT.

    « A Monsieur A. Ruyssenaers. »

(2 Compagnie du Télégraphe Électrique Sous-Marin de la Méditerranée.

Émission d'Obligations pour la somme de 50,000 liv. st. (1,250,000 fr.).

« *Les résolutions nécessaires* pour placer au nom de MM. J.-R. Carmichaël, baronnet, W.-J. Chaplin et
« S. Laing, les fonds comme garantie pour le remboursement de ces obligations, N'AYANT PAS ÉTÉ
« SOUMISES à l'Assemblée générale tenue à Paris le 15 du courant, la souscription sous la condition
« indiquée est *retirée.*

    « 117, Bishopsgate Street Within, Londres, 24 Juin 1857.

             « Signé : J.-W. BRETT. »

           (Traduction de l'annonce du Times du 25 Juin 1857).

(3) « C'est ici le moment de vous exposer les ressources qui nous restent encore et se composent de :

« 1,295 actions restant à émettre.	323,750 fr.	»c.
« Créance sur le gouvernement piémontais pour deux années échues sur sa ga- « rantie d'intérêt.	300,000	»
« CRÉANCE SUR LA COMPAGNIE DU TÉLÉGRAPHE HANOVRIEN POUR LA VENTE DU « CABLE RAPPORTÉ A LONDRES.	672,000	»
« Approvisionnements, fils, etc.	120,750	»
« Caisse, espèces comptant.	14,788	15
« TOTAL. . . .	1,431,288 fr.	15 c.
« Dont il faut déduire le solde créancier du compte de débiteurs et créditeurs divers	81,088	97
« RESTE. . . .	1,350,199 fr.	18 c.

Il n'y a jamais eu de Compagnie du Télégraphe de Hull à Hanovre. Le câble n'a donc jamais été vendu à cette Compagnie. Premier concessionnaire du télégraphe sous-marin d'Angleterre à Hanovre, j'ai transféré cette concession à la Compagnie du Télégraphe sous-marin entre l'Angleterre et le continent de l'Europe, Compagnie qui a fait poser la ligne sous-marine en question, et qui la possède.

Il n'est pas vrai que des *noms puissants* étaient engagés dans cette entreprise.

Il n'est pas vrai que la concurrence soit impossible, M. Brett étant lui-même, avec M. Carmichaël et autres, concessionnaire de la ligne rivale projetée entre l'Angleterre et le Danemarck, *pour laquelle le câble doit être posé avant le 1er juillet 1859.*

Il n'est pas vrai que les principales maisons de Hambourg avaient souscrit une grande partie du capital nécessaire pour cette entreprise.

L'accueil le plus favorable *est si peu acquis* à cette entreprise, que les actions en sont *presque invendables.*

Notre câble est si peu vendu, que M. Brett reconnaît l'avoir donné en gage (1) à MM. Newall et Cie, et que, dans la « situation » du 31 décembre 1858 (*Rapport de MM. Chatard et consorts, du 10 janvier 1859*), ces 84 milles de câble paraissent à L'AVOIR, conjointement avec des *matériaux divers,* pour 400,000 fr.

« Ces ressources sont réelles, le recouvrement en est assuré; mais elles ne sont pas immédiatement
« réalisables.

« LE CABLE RAPPORTÉ A LONDRES VIENT D'ÊTRE ACHETÉ PAR LA COMPAGNIE DU TÉLÉGRAPHE DE
« HULL A HANOVRE, pour la somme de 26,880 livres sterling, ou 672,000 francs, payable en actions
« de cette société. C'est une affaire sérieuse, solide, *dans laquelle des noms puissants sont engagés,* et
« qui promet de magnifiques résultats. Toutes les relations du Nord et de l'Allemagne septentrionale
« avec l'Angleterre, et, dans un avenir prochain, avec l'Amérique et les Indes, appartiennent à la ligne
« hanovrienne, *sans concurrence possible,* parcequ'elle reste la plus courte et la plus économique. Les
« principales maisons de Hambourg ont déjà souscrit une grande partie du capital nécessaire pour
« cette grande entreprise, et, d'après tous nos renseignements, *l'accueil le plus favorable attend ces*
« *actions sur la place de Londres;* mais elles ne se négocient pas encore, et nous devons attendre le
« moment de les placer avantageusement. »

(Rapport de M. Brett à l'assemblée générale du 15 Juin 1857, page 7).

(1) « La saison s'avançant, M. Newall voulut bien accepter, en garantie du deuxième paiement, des
« obligations représentant la somme de. . . . . 312,500 fr.
« plus, en garantie des deux anciens paiements, *la portion de câble sauvée en 1855.* »

(Lettre du gérant aux actionnaires, Paris, le 28 Décembre 1857).

X.

Les frais généraux et ceux d'exploitation de nos lignes sont énormes (1) ; les frais de bureaux à Paris seul montent, pour le trimestre de septembre à novembre 1858, à une somme équivalent environ 30,000 fr. par an, non compris l'indemnité du gérant et les honoraires des conseils qui le défendent devant les assemblées générales. Ce chiffre est très-élevé, si l'on prend en considération que tant M. Power (2) que les autres employés du bureau sont payés en partie par la Compagnie du Télégraphe sous-marin entre la France et l'Angleterre, et que cette Compagnie contribue pour une grande partie au loyer du bureau.

A l'assemblée générale du 15 janvier 1857, M. Brett a promis de diminuer les frais généraux par la suppression du bureau de Londres, devenu désormais inutile. Depuis ce temps, l'ancien local du bureau de Londres a été abandonné ; mais M. Brett a fait contribuer la Compagnie au loyer de la *maison où il garde ses tableaux* (3) et a mis en compte le salaire de *son factotum* à Londres, M. Masey, et des frais généraux que nous ne devons pas.

M. Brett a indûment mis en compte de fortes sommes pour séjour à l'hôtel Meurice, etc., tout en débitant la Société de l'indemnité annuelle qui lui est allouée pour ses dépenses personnelles et son logement (4).

M. Brett a mis au compte de la Compagnie les appointements de M. de

---

(1) D'après un relevé fait sur les livres d'une partie des dépenses pour les trois mois de septembre, octobre, novembre 1858 *(non compris les émoluments des avocats, avoués, etc.)* :

Pour le bureau de Paris	7,517 fr.	65 c.
Pour celui de Londres	5,449	85
Pour celui de Turin	3,603	50
Ile de Sardaigne	12,570	40
Ile de Corse	10,263	65
Pour les employés du Gouvernement français	3,000	»
Pour les employés du Gouvernement sarde	4,000	»

(2) Tandis que M. J. Power reçoit, comme représentant la Compagnie de Calais à Douvres, 5,000 fr., et de celle de Malte à Corfou 2,500 fr., M. Brett a jugé à propos de lui payer pour notre Société un salaire annuel de 10,000 fr.

(3) Avant d'entreprendre ce télégraphe, M. Brett faisait le commerce de tableaux et de curiosités ; il exploite toujours cette industrie.

(4) « Il est alloué au gérant une indemnité de douze mille cinq cents francs par an pour ses dépenses « personnelles, son logement particulier et pour frais de représentation de la Société. »

(Art. 14 des statuts de la Société).

La More, à raison de 10,000 fr. par an, *pendant* que celui-ci négociait à Vienne, *pour compte de M. Brett,* le contrat pour la ligne rivale de Raguse à Alexandrie (Égypte). Il lui a aussi accordé à nos dépens une gratification de 2,500 fr..

M. Brett avait maintenu dans la comptabilité de la Compagnie pendant trois ans, comme rémunération pour services rendus par M. Boyer (inspecteur général des télégraphes, commissaire impérial près de notre ligne), la somme de 12,500 fr., tandis qu'il paraît que cette somme n'était que le paiement de gravures et autres objets d'art cédés par M. Boyer à M. Brett, et comme tel a été contrepassé.

XI.

La SITUATION AU 31 DÉCEMBRE 1858, présentée dans le rapport de MM. Cha tard et consorts, du 10 janvier 1859, porte à L'AVOIR :

1° *1,278 actions à émettre 319,500 fr.* Au cours actuel ces actions ne représentent qu'à peu près 90,000 fr.;

2° *Les lignes sous-marines et aériennes et matériel, environ 7,518,842 fr.* Aucun expert n'oserait les évaluer à ce prix ;

3° *La concession 1,000,000 fr.* En admettant que la concession ait jamais valu un million lorsqu'elle avait un privilége exclusif, qui oserait lui donner cette valeur après les modifications désastreuses introduites par M. Brett à la concession du Gouvernement français et à celle du Piémont ?

Parmi les valeurs réalisables, cette même « SITUATION » porte : *les 1,278 actions à 319,500 fr. et 8851 obligations à 885,100 fr.* C'est encore la même fiction. D'ailleurs, de ces obligations, 3,125 se trouvent en mains de MM. Newall et Cie (1), ainsi que les 84 milles de câble rapportés en Angleterre.

Dans les « DETTES A PAYER » (même SITUATION), on a *omis* la prime de 25 0/0, obligatoire pour le remboursement des obligations.

XII.

Depuis plusieurs années, M. Brett *a aliéné* les 500 actions, de 250 fr. chacune, qui, d'après l'art. 14 de nos statuts, devaient *rester attachées* à a

---

(1) *(Lettre du Gérant aux Actionnaires. Paris, le 28 Décembre 1857.* — Voyez Note n° 1, page 13)

souche comme garantie de sa gérance (1). Déjà, en juin 1857, M. Mallat de Basilan nous a signalé cet ABUS, et que M. Brett était par cela même déchu de la gérance. Cependant, nonobstant cette déchéance forcée, M. Brett nous marchande encore aujourd'hui sa démission 200,000 fr., c'est-à-dire que, au lieu de rembourser à la Société les sommes énormes qu'il lui doit, au lieu de nous payer les dommages-intérêts auxquels nous avons droit, il pose comme condition de nous libérer de sa fatale gérance, que la Société lui donne un *quitus* de tous ses comptes et faits, appuyé d'une gratification de 200,000 fr.

XIII.

M. Brett a promis (2) aux actionnaires la prolongation de nos lignes, depuis Cagliari jusqu'à Malte et Corfou et même jusqu'aux Indes et la Chine,

---

(1) Tandis que les actionnaires subissent les conséquences de la dépréciation des actions, de 250 fr. à leur valeur nominale actuelle de 50 ou 60 fr., M. Brett, qui, par sa position, connaissait l'avenir qu'il préparait à notre Société, a donc eu soin de réaliser en temps opportun toutes les siennes.

(2) « La ligne de la Méditerranée est la première étape, la tête de colonne le premier anneau de « cette grande chaîne qui unira l'Europe aux Indes, et, si vous le voulez, cela peut avoir lieu prochai- « nement, je dis plus, immédiatement.

« Je puis vous annoncer que les démarches que j'ai faites depuis longtemps auprès du Gouverne- « nement anglais, pour obtenir la prolongation de la ligne de la Méditerranée, depuis Cagliari jusqu'à « Malte et Corfou, ont abouti à un résultat satisfaisant, et *si vous voulez consentir à l'augmentation* « *du capital nécessaire à l'exploitation de cette ligne supplémentaire*, je ne crois pas trop m'aventurer « *en prenant l'engagement* de vous mettre, dans un bref délai, en possession d'un traité qui concédera « ce nouveau privilége à la Compagnie; UNE SUBVENTION ANNUELLE PAR LE GOUVERNEMENT ANGLAIS « DE 5 POUR 100 sur le montant du capital nécessaire pour la confection et la pose du câble, qui ne « dépassera pas 120,000 livres sterling (3 millions de francs).

« Cela fait, *nous serons rapprochés d'Alexandrie*, et Alexandrie, c'est la ligne des Indes, dont l'existence « ne peut être un instant douteuse, car *la Compagnie des Indes*, cette souveraine qui a la richesse et « la puissance des plus grands royaumes, je puis vous le dire ici officieusement, EST TOUTE DISPOSÉE A « DONNER UNE GARANTIE DE 5 POUR 100 SUR TOUT LE CAPITAL NÉCESSAIRE POUR ACHEVER L'ENTRE- « PRISE. C'est alors, Messieurs, que vous apprécierez toute la valeur du télégraphe sous-marin de la « Méditerranée; ce ne sera plus seulement une ligne desservant le Piémont, la Corse, la Sardaigne, « l'Algérie, mais LA LIGNE UNIQUE, *privilégiée pendant cinquante ans*, *servant à la transmission des dé-* « *pêches télégraphiques de l'Orient et des Indes*, c'est-à-dire la ligne politique, commerciale par excel- « lence.

« Est-il nécessaire, Messieurs, de vous énumérer les immenses avantages que notre Compagnie est « appelée à recueillir de ces extensions? Elle prélèvera *une prime sans partage* sur toutes les dé- « pêches émanant de l'Angleterre, de la Belgique, du nord et de l'orient de l Allemagne, de l'Italie; « car, il ne faut pas l'oublier, *notre privilège est exclusif*; l'Angleterre seule nous paiera une redevance « de 20 p. 100, c'est alors que nos actions seront recherchées sur toutes les Bourses, et vous donneront « une magnifique rémunération de votre confiance. »

(Rapport du Gérant à l'Assemblée générale du 16 Février 1856, page 5).

avec garantie de 5 p. 100 d'intérêt de la part du Gouvernement anglais et de la Compagnie des Indes anglaises, *sur tout le capital nécessaire. Il n'a pas tenu cette promesse.*

Lorsqu'en juin 1855, M. Bonelli a adressé au Gouvernement anglais des propositions pour l'établissement d'une ligne de Cagliari à Malte et jusqu'en Egypte (à des conditions très-modestes, d'après le *Blue book* (1), M. Brett *a si bien démontré* au Gouvernement anglais *que notre privilége exclusif s'opposait* à l'établissement d'une telle ligne par tout autre que notre Société (2), que le Gouvernement anglais a répondu négativement aux propositions de M. Bonelli (3).

---

(1) Le Gouvernement anglais a fait imprimer à l'usage du Parlement un document sous le titre de :

« *Correspondance relative à l'établissement de communications télégraphiques dans la Méditerranée et « avec les Indes; présentée par ordre de Sa Majesté, à la Chambre des Communes par suite de sa pétition « en date du 4 mai 1858. Londres, chez Harrison et fils.* »

Cette publication est connue en Angleterre sous le nom de *Blue book* (livre bleu); c'est le mot que nous emploierons dorénavant.

J'aurais aimé pouvoir donner une traduction française de toute la correspondance relative à la ligne de Malte à Corfou et au projet de Raguse à Alexandrie. Le temps m'a fait défaut pour le traduire, et un essai que j'ai fait faire par un traducteur juré m'a mal réussi.

Je dois donc me borner à citer les passages principaux traduits en français, et à vous donner à l'Appendice en anglais quelques-uns de ces documents officiels (toute la correspondance relative à ces lignes comprend 114 pages imprimées, grand in-folio, que je suis prêt à faire réimprimer aux frais de notre, Compagnie, si elle le désire).

(2) « Des *priviléges exclusifs* pour poser des câbles sous-marins de, ou à, une partie quelconque des « côtes de France et de Sardaigne dans la Méditerranée, ont aussi été accordées à cette Compagnie « pour cinquante années. »

« La Compagnie de la Méditerranée possédant *les priviléges exclusifs* pour cinquante années , de « poser des télégraphes sous-marins aux côtes de France et de Sardaigne, aucune autre Compagnie ne « peut offrir (à la Compagnie des Indes) de lui assurer une ligne.

« Et comme cette Compagnie *a le monopole* du bassin de la Méditerranée. »

(Lettre du secrétaire de notre Société à Londres, M. de La More, à sir C. Trevelyan.
Londres, le 17 septembre 1855. — Blue book, pages 287/88, n° 254.)

« Ayant obtenu pour *cinquante années* des PRIVILÉGES EXCLUSIFS *avec* TOUTES *les côtes françaises « et sardes* dans la Méditerranée, aucune autre Compagnie ne peut avoir une communication directe « avec les Indes, la Méditerranée ou l'Orient, sans passer par l'Autriche ou les duchés austro- « italiens. »

(Lettre écrite au nom de la Compagnie du Télégraphe électrique de la Méditerranée par M. Brett
à lord Palmerston. Londres, 4 septembre 1855. Blue book, page 285, n° 252.)

(3) « Et aussi que la Compagnie du Télégraphe de la Méditerranée *tient* des Gouvernements français « et anglais une *concession de priviléges exclusifs* qui ne permettraient pas la construction de la ligne de « Cagliari par quiconque ne serait pourvu de la permission de cette Société. Il paraît donc que le proje « de *M. Bonelli doit être refusé* comme ne pouvant être réalisé. »

(Lettre de M. Mérivale à sir C. Trevelyan. Londres, 1er oct. 1855, Blue book, page 288, n° 255).

3

Cest alors que M. Brett s'est mis en campagne pour le même objet, en se servant du nom de notre Société, *mais ce n'est pas elle* qui en a profité.

M. Brett a demandé, le 16 février 1856 (1), aux actionnaires de notre Société et a obtenu d'eux (2) : 1° l'autorisation pour négocier une garantie de minimum d'intérêt pour l'extension projetée de nos lignes de Cagliari à Malte et Corfou ; 2° l'autorisation de se faire assister à ce but par les trois membres anglais du conseil de surveillance, membres qui ont accepté cette mission (3).

Déjà avant cette époque et lors de la spéculation Brett-Millaud, M. Brett s'était prévalu près du Gouvernement français *d'avoir obtenu* du Gouverment anglais pour notre Société une garantie de minimum d'intérêt de 5 p. 100 par an pour la ligne de Cagliari à Malte et Corfou (4). *M. Brett ayant*

---

(1) « J'espère que vous voudrez bien accueillir avec faveur les propositions que je vais avoir l'hon-
« neur de vous soumettre.

« La première est de m'autoriser à faire les démarches nécessaires auprès du Gouvernement fran-
« çais, pour convertir votre Société en commandite en Société anonyme ;

« *La seconde de m'autoriser à poursuivre ces démarches déjà entamées avec le Gouvernement anglais,*
« *pour obtenir le privilège de la ligne télégraphique sous-marine de Cagliari à Malte et à Corfou ;*

« *La troisième de décider d'augmenter le capital social nécessaire à l'exécution de ces extensions.*

« Je vous demanderai de vouloir bien m'adjoindre trois membres du Conseil de surveillance, sir James
« Carmichaël, président de la Compagnie de Douvres à Calais ; M. Samuel Laing, membre du Parlement,
« et M. Chaplin, membre du Parlement, président du chemin de fer South-Western, dont la haute
« influence pourra grandement contribuer au succès de cette importante négociation. »

(Rapport du Gérant à l'Assemblée générale du 16 Février 1856, page 6).

(2) (D'après *le procès-verbal de la séance de l'Assemblée générale du 16 Février 1856).*

(3) « Sir James Carmichael Bart., MM. Samuel Laing, M. P. et W. S. Chaplin M. P., consentent à se
« joindre à M. le Directeur-Gérant pour assurer le succès de ces négociations relativement à la ligne
« Malte-Corfou, sans toutefois que cette mission puisse les soumettre à aucune responsabilité
« commerciale. »

(Procès-Verbal de la séance de l'Assemblée générale du 16 Février 1856).

(4) Le comte DE PERSIGNY écrivit à ce sujet au comte DE CLARENDON, le 28 janvier 1856 :

« M. Brett, concessionnaire du Télégraphe sous-marin de la Méditerranée, vient d'informer Son
« Excellence le ministre de l'intérieur :

« 1° Qu'une demande lui a été faite de la part de la Trésorerie anglaise pour l'établissement d'un
« fil électrique qui relierait Cagliari à Corfou, en passant par Malte, et serait plus tard prolongé de
« Corfou à la côte, puis continué par terre jusqu'à Constantinople ;

« 2° Qu'il s'est prêté à cette opération *en faisant un arrangement approuvé par la Trésorerie anglaise,*
« *et qui assure à la Compagnie méditerranéenne un minimum d'intérêt de 5 pour 100 sur un capital*
« *de 120,000 livres sterling* pour un fil exclusif de Cagliari à Corfou par Malte, d'une longueur de
« 918 milles anglais. M. Brett prétend, en outre, que le gouvernement britannique attacherait du prix
« à savoir si le gouvernement impérial adopterait les mêmes conditions pour un fil exclusif. Dans ce
« cas, la Compagnie méditerranéenne établirait un câble à trois fils entre Cagliari et Corfou.

« L'administration française aurait un grand intérêt à savoir, *si en effet une convention de cette na-*

avancé ce qui n'était pas vrai, *fut démenti par le Gouvernement anglais* (1).

Le *Blue book* nous prouve que M. Brett a négocié *au nom de notre Société* avec le Gouvernement anglais pour l'obtension de cette concession (2), et

---

« *ture a été échangée entre la Trésorerie anglaise* et M. Brett, et surtout, si l'initiative des propositions « qui l'ont amenée a été prise par le Gouvernement britannique ou par M. Brett.

« Je viens, en conséquence, m'adresser à Votre Excellence, pour la prier de vouloir bien chercher à « me donner, avec sa bienveillance accoutumée, les renseignements précis qui me sont demandés à ce « sujet. »

(1) La réponse du Gouvernement anglais au comte de Persigny dit que, jusqu'alors (15 février 1856), *aucune convention ni contrat d'aucune espèce n'avait été fait* avec M. Brett dans ce but.

(Blue book, page 292, n° 259).

Comparez aussi ma note n° 1, page 21.

(2)   « M. BRETT AU SECRÉTAIRE DE LA TRÉSORERIE.
    « *Compagnie du Télégraphe électrique de la Méditerranée.*
« 117, Bishopsgate Street, within, 21 Juin 1856.

   « MONSIEUR,

« Par suite de mon entrevue avec vous , mardi dernier, je me sens maintenant justifié à prendre » l'engagement suivant, au nom de cette Compagnie :

« QUE, si le gouvernement de Sa Majesté veut accorder à la Compagnie pendant 50 ans (comme le « propose mes deux lettres du 1er décembre et 30 mai dernier) un subside annuel (ne dépassant pas « 6,000 liv. st.) représentant une garantie d'intérêt de 5 p. 100 sur le coût, estimé à 120,000 liv. st., « d'un télégraphe sous-marin , entre les îles de Malte et Corfou , et sous la réserve que les paiements « annuels, par rapport à tel subside, seraient soumis à être réduits par les profits de l'exploitation de « cette ligne et à cesser entièrement aussi longtemps que les produits donneront un dividende de « 5 p. 100 du capital indiqué ; QUE, *sous ces conditions*, la Compagnie construira et entretiendra cette « ligne télégraphique conformément à ma proposition antérieure, et continuera aussi (sous réserve « des stipulations ci-après), sous sa responsabilité et à ses propres risques la ligne de communica-« tion de Corfou à Alexandrie, en donnant au gouvernement l'usage de préférence ou exclusif d'un fil « (au besoin), et aux conditions à faire ; et pourvu que le gouvernement de Sa Majesté garantisse, con-« jointement avec la Compagnie des Indes orientales, que la ligne destinée à faire communiquer télé-« graphiquement les Indes et l'Angleterre (soit par la route de mer des Indes à Suez, ou par la route « de terre à Saleucie ou ailleurs) sera reliée au câble qui sera posé jusqu'à Alexandrie, en faisant ainsi « ce dernier point la base des opérations futures pour relier les Indes à l'Angleterre. Le subside ou la « garantie commencerait par égale moitié, et lorsque les travaux jusqu'à Malte et ceux jusqu'à Corfou « seront respectivement achevés. »

(Traduction de la lettre du Blue book, page 298, n° 264.)

Voyez aussi les lettres écrites *au nom de notre Société* par M. Brett :

A lord Palmerston, le 4 septembre 1855. (*Blue book*, page 285, n° 252.)

Et celles au secrétaire de la Trésorerie anglaise, le 1er décembre 1855. (*Blue book*, page 290, n° 256.

    Même,   le 8 décembre 1855. (*Blue book*, page 291, n° 257)

    Même,   le 30 mai 1856 (*Blue book*, pages 296 et 297, n° 263.)

L'annexe adressée aux lords commissaires du Trésor, 30 mai 1856. (*Blue book*, pages 297 et 298.

Les lettres écrites par M. de la More (*en qualité de secrétaire de notre Société*) :

A sir C. Trevelyan, le 17 septembre 1855. (*Blue book*, page 286, n° 254.)

A sir W. Molesworth, le 18 septembre 1855. (*Blue book*, pages 289 et 290.)

Les *Treasury minutes*, du 14 septembre 1855. (*Blue book*, page 285, n° 253.)

    Idem,   du 11 mars 1856. (*Blue book*, page 293, n° 260.)

La lettre de M. Merivale à sir C. Trevelyan, du 1er octobre 1855. (*Blue book*, page 288, n° 255.)

qu'il l'a obtenu du Gouvernement anglais en *faveur de notre Société* (1).

M. Brett a formellement *accepté au nom de notre Société et pour elle*, cette concession (2), d'abord avec un minimum d'intérêt de 160,000 fr. par an garanti par le Gouvernement anglais.

---

(1) « Écrivez à M. Brett, en réponse à sa lettre du 20 juin dernier, qu'il a écrite *au nom de la Com-* « *pagnie électrique de la Méditerranée*, que mes Lords sont prêts à passer un contrat avec cette Com- « pagnie, et à payer une somme annuelle de 6,400 liv. sterl. représentant les intérêts à quatre pour « cent d'un capital de 160,000 liv. sterl., coût estimé d'un télégraphe électrique sous-marin, à deux « fils, de Cagliari à Malte et à Corfou, aux conditions suivantes :

« 1° Que ledit subside ou paiement annuel de 6,400 livres ne commencera que quand ladite com- « munication télégraphique sera achevée et en état de parfait fonctionnement, et que ce paiement « continuera seulement et tant que durera le parfait fonctionnement ;

« 2° Que le gouvernement anglais et la Compagnie des Indes orientales auront en tout temps la « priorité *sur tous autres* pour l'expédition de leurs dépêches ;

« 3° Que le paiement annuel de 6,400 livr. sera sujet à être réduit de temps en temps, de manière à « composer avec les autres revenus nets de la Compagnie sur cette ligne un dividende ou des intérêts « de 5 p. 100 sur le capital dépensé.

« 4° Que des arrangements convenables seront pris dans le contrat pour convaincre cette admi- « nistration relativement au premier coût de la ligne et de son exploitation annuelle, de manière à « montrer les dépenses et les revenus.

(Traduction des extraits sur les minutes de la Trésorerie anglaise du 15 août 1856.
Blue book, page 299, n° 265.)

« Écrivez à M. Ball que M. Labouchère aura vu de nos minutes, datées du 15 août (desquelles copie « a été remise au ministère des Colonies), qu'un traité est en train d'être conclu avec la *Compagnie du* « *Télégraphe de la Méditerranée*, pour la pose d'un câble sous-marin de Cagliari à Malte et de là à « Corfou.

(Traduction des mêmes extraits du 26 septembre 1856. Blue book, page 300, n° 268.)

« M. le ministre Labouchère a appris de ces minutes que, par ordre des lords commissaires de la « Trésorerie, certaines conditions avaient été proposées à M. Brett, *agissant pour compte de la Com-* « *pagnie du Télégraphe de la Méditerranée*, pour la pose d'une ligne à Malte et Corfou.

(Traduction d'une lettre de M. Ball à sir C. Trevelyan. Londres,
30 septembre 1856. Blue book, page 301, n° 271.)

(2)
« M. BRETT AU SECRÉTAIRE DU TRÉSOR ANGLAIS.

« Compagnie du Télégraphe électrique de la Méditerranée.

« 117, Bishopsgate Street, within, 27 Septembre 1856.

« Monsieur,

« J'ai à vous exprimer mes profonds regrets de ce que mon absence prolongée dans la Méditerranée, « d'où je ne suis de retour en Angleterre que depuis quelques jours, ait retardé ma réponse à votre « lettre du 23 août. J'ai à présent l'honneur de vous annoncer, pour l'information des lords commis- « saires du Gouvernement de Sa Majesté, QUE J'ACCEPTE, POUR COMPTE DE LA COMPAGNIE DU TÉLÉ-

Afin d'enlever le consentement du Gouvernement anglais (1), M. Brett nous a demandé la décision d'augmentation éventuelle de notre capital social pour la ligne de Cagliari à Malte et Corfou. Nous y avons consenti (2).

Il n'avait donc qu'à ouvrir la souscription « pour cette affaire magnifique, « pour laquelle le capital a été souscrit d'enthousiasme (3). »

M. Brett ne l'a pas fait et nous a laissé ignorer qu'il avait obtenu cette concession avantageuse pour notre Société.

Cette première concession (5 p. 100 garanti) obtenue pour nous, M. Brett

---

« GRAPHE ÉLECTRIQUE DE LA MÉDITERRANÉE, les conditions exprimées dans votre lettre, comme étant « celles auxquelles ces messieurs sont prêts à accorder le subside conditionnel y mentionné, et de vous « informer que la Compagnie sera prête à fournir telle information que pourra être demandée d'après « l'article quatre de la lettre, et de procéder au contrat formel avec telle personne à laquelle il vous « plaira de m'adresser à cet effet.

« Signé : J.-W. BRETT. »

(Traduit du Blue book, *page 301, n° 269).*

« ÉCRIVEZ à M. Ball que milords ont reçu une communication de M. Brett acceptant les conditions « indiquées dans la *Treasury minute* du 15 août, pour établir un télégraphe sous-marin entre Cagliari, « Malte et Corfou. »

(Traduction de la Treasury minute *du 8 octobre 1856.* Blue book, *p. 302, n° 272).*

(1) « Mais aucune décision n'a encore été prise relativement à cette offre, puisque jusqu'ici M. Brett « n'a pas été capable de prouver à la Trésorerie que la Compagnie qu'il représente a les moyens d'exé- « cuter le contrat. CEPENDANT, ON ASSURE QU'UNE ASSEMBLÉE DES ACTIONNAIRES DE LA SOCIÉTÉ « DOIT AVOIR LIEU LE 16 COURANT DANS LE BUT D'AUGMENTER SON CAPITAL ET DE PRENDRE LES « ARRANGEMENTS NÉCESSAIRES. »

(Réponse au comte de Persigny. Trad. sur les min. de la Trés. du 15 févr. 1856. Blue book, *p. 293, n° 259)*

(2) « 4° Dans le cas où le privilége d'extension du télégraphe sous-marin de Cagliari à Malte et Corfou « serait obtenu avec une garantie d'intérêt ou une subvention annuelle représentant cinq pour cent sur « le capital nécessaire à l'exécution des travaux garantis par les Gouvernements anglais et français. « *le capital social sera augmenté en proportion.*

« Cette dernière résolution a aussi été adoptée à l'unanimité. »

(Procès-verbal de la séance de l'Assemblée générale du 16 février 1856.)

(3) « Une Compagnie anglaise vient d'obtenir la concession de la ligne de Malte à Corfou, s'embran- « chant sur la nôtre à Cagliari, avec une garantie de 6 p. 100 d'intérêt annuel. Il est en outre stipulé « dans l'acte de concession que si les dépêches du Gouvernement anglais représentent, au prix du « tarif, une somme supérieure à cette garantie, l'excédant sera payé à la Compagnie.

« *C'est une affaire magnifique; le capital a été souscrit d'enthousiasme,* et un traité (*) rend certain la « pose du câble et l'établissement des lignes terrestres sur les deux Îles, pour le mois d'octobre pro- « chain.

« Toutes les dépêches de cette ligne passeront forcément sur la nôtre, depuis Cagliari jusqu'à « la Spezzia, et le nombre en est incalculable, puisque le Gouvernement anglais admet la supposition « que le prix des seules dépêches officielles pourra excéder de 6 p. 100 la dépense d'établissement. »

(Rapport de M. Brett à l'assemblée générale du 15 Juin 1857, page 15).

(*) Fait entre MM. Brett et Newall et Cie. *Blue book,* page 304, n° 2.

s'est entendu avec quelques autres personnes pour fonder une autre Compagnie et la substituer à la nôtre dans cette concession, et depuis ce temps les négociations ont été continuées par M. Pinniger (1) (agent de M. Brett), et ont amené le Gouvernement anglais à accorder des conditions beaucoup plus avantageuses encore (2), soit : un subside annuel de 180,000 fr. ou 6 p. 100 d'intérêts annuels garanti sur un capital de 120,000 liv. st. (3,000,000 fr).

Par substitution du mot « *Extention* » (prolongation) à celui de « *Electric* » (électrique), la garantie de ce minimum d'intérêt se trouve actuellement dans les mains d'une autre Compagnie de laquelle M. Brett et Sir James R. Carmichaël (membre de notre Conseil de surveillance) étaient fondateurs, et sont membres du conseil d'administration (3).

Les résolutions que l'on vous fit voter le 16 février 1856 pour la prolongation de nos lignes jusqu'à Malte et Corfou, ainsi que pour l'augmentation de notre capital à ce but, et les belles promesses que l'on vous a faites lors de cette assemblée, n'ont donc servi qu'à attirer des souscripteurs pour la spéculation d'émission Brett-Millaud de 1855-56, tant par les rapports du gérant

---

(1) Le même qui a négocié et conclu à Vienne, *pour M. Brett*, le contrat pour la ligne de Raguse à Alexandrie, rivale de la nôtre. C'est un sollicitor duquel M. Brett se sert souvent pour ses négociations.

A l'assemblée du 16 février 1859, l'avoué de M. Brett a prétendu que cette substitution du sieur Pinniger à M. Brett dans les négociations exonère ce dernier.

Il se trompait, car M. Pinniger ne faisait que *continuer les négociations pour le sieur Brett et ses associés;* aussi le trouvons-nous dans le *Blue book*, pages 303-4, remettant au secrétaire de la Trésorerie le traité (en date du 4 mai 1857) par lequel le sieur Brett, comme *fondateur de cette ligne*, a contracté avec MM. Newall et Cie, pour la construction et la pose du câble de Cagliari à Malte et Corfou.

(2) « Qu'à dater de l'achèvement de la ligne et tant qu'elle sera en bon état de fonctionnement, le « Gouvernement britannique paiera annuellement la somme de 7,200 livres (180,000 fr.) ou tant qui « sera requis pour faire avec les autres revenus de la Compagnie un dividende de 6 pour 100 sur le « capital employé, limité à 120,000 liv. st. ; mais que dans aucun cas, le payement annuel (du Gouverne- « ment) ne sera au-dessous de la somme à laquelle aurait monté le service fait pour lui, en calculant « d'après le tarif ordinaire.

« Que si le revenu net équivaut à un dividende plus élevé que 12 pour 100, le Gouvernement aura « la faculté d'ordonner une réduction de tarif. Toutefois cette réduction sera limitée de manière à « former un dividende de 12 pour 100 en prenant pour base de calcul le mouvement des deux der- « nières années. »

(Traduction sur les minutes de la Trésorerie du 17 avril 1857.
Blue book, page 302, n° 273.

(3) En anglais, notre Société se nomme : *Mediterranean Electric Telegraph C°*.

Tandis que celle de Malte et Corfou est nommée : *Mediterranean Extension Telegraph C°*.

de cette date, que l'on répandait à profusion, que par les annonces trompeuses des journaux du commencement de mars 1856, où, *contraire à toute vérité,* il est dit que, *pour solder les derniers travaux, la Compagnie autorise l'é-mission des dernières actions.* Cette annonce se trouve à l'Appendice n° iv.

En réponse aux informations que j'ai données au Conseil de surveillance au sujet de cette concession, on nous a dit dans la « 2ᵉ addition au folio 3 du Rapport » et datée 14 février 1858 (feuille volante distribuée avec le Rapport de MM. Chatard et consorts à l'Assemblée générale du 16 février 1859), ce qui suit :

« M. le Directeur-Gérant affirme que le privilége de la ligne de Malte à « Corfou a été donnée non pas à lui personnellement, mais à M. Pinniger. » *C'est encore un subterfuge* (1) *et je le prouve :*

J'ai déposé à l'étude de M. Jooss, avoué, rue du Bouloi, 4, *une pièce imprimée portant la signature de M.* John W. Brett, et publiée par lui quelques jours avant l'assemblée du 15 juin 1857, dans laquelle M. Brett *affirme de la manière la plus positive que lui, J. W. Brett, a contracté avec le Gouvernement anglais, par minute de la Trésorerie, le 18 avril 1857, pour la construction du Télégraphe de Cagliari à Malte et Corfou* (2).

Le document officiel publié par ordre du Gouvernement anglais (*Blue book*) confirme cette affirmation et communique page 304-5 le contrat conclu

---

(1) Comparez note 1, page 22.

(2) « Par minutes de la Trésorerie du 18 avril dernier, les lords commissaires de la Trésorerie de « Sa Majesté ONT CONTRACTÉ AVEC M. BRETT, POUR LA CONSTRUCTION D'UN TÉLÉGRAPHE SOUS-MARIN « DE CAGLIARI A MALTE ET CORFOU, pour la transmission des dépêches aux Indes, et *vice versâ,* avec « un minimum d'intérêt de 6 p. 100 pendant 25 années.

« Il est, en outre, expressément stipulé par cette minute de la Trésorerie que si les dépêches du Gou-« vernement britannique et de la Compagnie des Indes orientales (qui seront taxées d'après le même « tarif que celles du public) représentent une somme supérieure à cette garantie, l'excédant sera payé « à la Compagnie.

« Sous de telles conditions, la Compagnie ne saurait manquer d'avoir grande prospérité, et la con-« struction de la ligne de Malte et Corfou est déjà assurée et sera bientôt complétée, puisque déjà un « contrat a été passé pour son établissement et sa pose avant ou au 31 octobre prochain, pour une « somme dans les limites du capital garanti par le Gouvernement britannique. »

« Il est clair que le résultat le plus avantageux sera assuré à la Compagnie de la Méditerrannée par « la transmission de toutes les dépêches des Indes par leurs lignes. Le nombre et l'importance de « ces dépêches est incalculable, puisque le Gouvernement anglais admet la supposition que le prix des « seules dépêches du Gouvernement pourra excéder les 6 p. 100 d'intérêt garantis sur la dépense « d'établissement (120,000 liv. sterl.). »

Signé : J. W. Brett.

le 4 mai 1857, par le sieur *J. W. Brett, fondateur de la ligne de Cagliari à Malte et Corfou*, avec M. Newall et Cie pour l'établissement de cette ligne.

La ligne de Cagliari à Malte et Corfou a été faite à un prix qui permet de supposer de larges bénéfices pour les fondateurs (1).

XIV.

Le Gouvernement piémontais, scrupuleusement fidèle à ses engagements, reconnaissait l'impossibilité d'admettre la ligne d'une Compagnie autre que la nôtre à Cagliari (2). M. Brett alors *a usé de sa signature de gérant* de notre Société pour permettre à la nouvelle Compagnie de Cagliari à Malte et Corfou (de laquelle il était, avec M. Carmichaël, un des fondateurs) d'aborder à Cagliari (3). *M. Brett disposait ainsi du privilége qui vous appartenait et pour l'apport duquel il s'est attribué un million.*

---

(1). La distance de Cagliari à Malte et Corfou est de 11' 15", soit environ 780 m Iles anglais « statute. »

Le câble employé pour cette ligne ne contient qu'un seul fil conducteur. Il est excessivement léger et faible, et n'a que 13 millimètres de diamètre. Un tel câble coûte à peu près 60 liv. sterl. (1,500 fr.) par mille anglais. On pourrait donc établir cette ligne, même en faisant *une large part* pour tous frais de pose et d'assurance, pour dérivation, etc., etc., à 60,000 liv. st. (1,500,000 fr.)

Le capital appelé de cette Société est de 120,000 liv. st. (3,000,000 fr.)

(2)   LETTRE DU COMTE CAVOUR A SIR J. HUDSON.

Paris, le 2 novembre 1857.

« Par la convention stipulée en 1853, art. 25, avec M. Brett, le Gouvernement du Roi a pris l'enga-
« gement formel *de ne point permettre* la construction d'une autre ligne télégraphique sous-marine
« quelconque entre la Sardaigne et les côtes d'un autre Etat. C'est donc à M. Brett à lever l'obstacle
« qui s'oppose à la construction de la ligne entre Cagliari et Malte, en présentant lui-même la de-
« mande accompagnée de toutes les conditions et justifications voulues pour les concessions de ce
« genre.

(3)   M. BRETT AU SECRÉTAIRE DU TRÉSOR.

« *Société du Télégraphe électrique sous-marin de la Méditerranée. — Administration, 85, rue Richelieu.*

Paris, le 18 novembre 1857.

« MONSIEUR,

« J'ai eu l'honneur de recevoir votre lettre (avec la demande des lords commissaires de la Trésorerie
« de Sa Majesté), qu'on m'a envoyée à Paris hier, et en réponse, je vous prie d'informer les lords
« commissaires de la Trésorerie, que le contrat nécessaire pour accorder ce privilège à la Compagnie
« du Télégraphe de prolongation de la Méditerranée a été passé entre moi-même et cette Compagnie
« lundi, le 9 courant, et que j'ai envoyé un duplicata à Son Excellence M. Ratazzi, ministre des travaux
« publics du Gouvernement de Sardaigne, et une copie à Son Excellence sir James Hudson, à Turin,

« Ces contrats ne pouvaient encore avoir été reçus lorsque la communication fut faite au gouverne-
« ment de Sa Majesté par S. Exc. sir James Hudson.

« J'ai écrit par le même courrier, au secrétaire de la Compagnie du Télégraphe de prolongation de
« la Méditerranée, d'envoyer une copie de ce contrat à la Trésorerie, pour convaincre les lords com-
« missaires.

« J'ai l'honneur d'être, etc.

J. W. BRETT.

(Traduction du *Blue book*, p. 310, n° 284.)

Je vous indiquerai plus loin le tort grave que M. Brett nous a fait par la convention faite à cette occasion avec cette Compagnie, et de quelle manière il a sacrifié nos intérêts, *à l'avantage de cette Compagnie,* dans la convention conclue avec le Gouvernement français le 8 mai 1857

A l'Assemblée générale du 16 février 1859, le conseil du gérant, dans sa défense si habile et si éloquente de M. Brett, a prétendu excuser son client dans ces transactions relativement à la ligne de Cagliari à Malte et Corfou, en alléguant en sa faveur la baisse actuelle des actions de cette ligne.

La défaveur que ces actions éprouvent ne saurait excuser *la gravité des faits* qui ont eu pour résultat de nous priver de cette concession qui nous était promise, qui était due à nos priviléges, qui nous appartenait et qui ne pouvait être exploitée sans notre consentement; concession si belle que le capital a été *souscrit d'enthousiasme,* comme vous l'a dit M. Brett. En effet, les conditions de cette concession étaient *magnifiques,* puisque le Gouvernement anglais garantissait un minimum d'intérêt de 6 0/0 sur le montant du devis *très-largement* établi pour cette ligne (1), qui offrait, en outre, la chance de beaux bénéfices provenant de la transmission présumée de la correspondance des Indes. Depuis la publicité donnée en Angleterre par le *Blue book* aux contrats existants entre M. Brett et le Gouvernement autrichien, et entre ce Gouvernement et celui d'Angleterre, pour les lignes de Raguse à Alexandrie, les conditions de ces contrats (aussi préjudiciables à la ligne de Cagliari à Malte et Corfou qu'à la nôtre) ont éclipsé cette belle perspective et les actions ont baissé, tant par cette raison que par la conviction qui s'est fait jour en Angleterre, qu'on aurait pu poser un tel câble à un prix beaucoup moins élevé.

XV.

Pendant ces négociations pour la ligne Malte-Corfou, M. Brett abandonna notre projet de prolongation du point d'abordage sur la côte de l'Algérie à Tunis (en rapport avec toute la ligne qui devait partir de Tunis pour aller dans l'Egypte et les Indes), et, changeant complétement de langage (2), il dé-

---

(1) Comparez note n° 1, page 24.

(2) La Compagnie est en train de faire des arrangements pour la prolongation d'une ligne souterraine d'Algérie, le long des côtes d'Afrique à Alexandrie et l'Egypte; *construction pour laquelle on s'est assuré qu'aucune difficulté pratique n'existe.*

(*Prospectus du 21 mai 1853, § 5. Voyez l'Appendice III*).

montra par lettre du 11 mars 1856, au ministre de l'Intérieur « qu'il n'était
« pas possible de soumettre à toutes les éventualités d'un parcours par des
« Etats Barbaresques, la grande ligne de l'Egypte et des Indes Orien-
« tales. »

Il demanda et obtint du Gouvernement français l'exonération de l'obligation de construire la ligne d'Algérie à Tunis, etc., sous condition que lui *et
notre Société* établiraient la ligne de Malte à Corfou.

Ce changement ne pouvait manquer de tourner à l'avantage de la Compagnie de Cagliari à Malte et Corfou, mais au préjudice de nos intérêts.

M. Brett vous a demandé à l'Assemblée du 16 mars 1857 autorisation de
conclure un traité avec le Gouvernement français *dans les termes les plus
favorables aux intérêts de la Compagnie.*

Le procès-verbal de cette séance indique que vous n'avez donné autorisation de traiter « *qu'à des conditions qui ne seront pas moins favorables aux
« intérêts de la Société que celles de notre première convention* » (*du
24 mai 1853*).

Nonobstant cette réserve spéciale « *pas moins favorable* », M. Brett a
abandonné (1) *le privilège exclusif* (2) de notre concession.

Le Gouvernement français, supposant, d'après les assurances de M. Brett,
que notre Société établirait la ligne de Cagliari à Malte et Corfou, et profite-
rait par conséquent de la taxe afférente au mouvement télégraphique par ces

---

(1) « Il est entendu que le Gouvernement français, en s'interdisant, par la convention de 1853, pour
« un laps de temps de cinquante années, le droit d'autoriser aucune autre ligne télégraphique que
« celle de M. Brett entre l'Algérie et la Sardaigne ou la Corse, et entre l'Algérie et Alexandrie ou les
« Indes Orientales, sur le territoire de l'Algérie, *s'est réservé* naturellement *la faculté de faire lui-même
« ou d'autoriser l'établissement d'autres lignes entre les points non spécifiés ci-dessus, et notamment entre
« la France et l'Algérie, entre la France continentale et la Corse, et entre la Corse et l'Italie.* »

> (*Convention additionnelle entre le ministre de l'intérieur et J. W. Brett,
> du 8 mai 1857. Décret, 15 juin.*)

(2) « De plus, je m'engage à prouver au Gouvernement anglais que la Compagnie de la Méditerranée
« possède *un privilége exclusif* pendant cinquante années des Gouvernements français et sarde, pour
« poser des télégraphes sous-marins des, ou aux, côtes de ces deux pays. »

> (*Lettre de M. Brett au secrétaire de la Trésorerie. Londres, 8 décembre 1855.*
> Blue book, p. 291, n° 257.)

Voyez aussi la proclamation de l'exclusiveté de nos priviléges dans les différents rapports, prospectus, etc., ainsi que dans les notes 2 et 3, page 17.

lignes, de bon droit nous imposa l'obligation contenue dans l'art. 3 de la convention entre le Ministre de l'Intérieur et M. Brett (1).

Mais M. Brett a eu grandement tort d'avoir accepté cette clause, ruineuse pour notre Société du moment qu'une autre Compagnie faisait la ligne de Malte à Corfou. La conséquence actuelle de cette stipulation est, qu'au lieu d'augmenter, notre revenu diminuera en proportion de l'accroissement du mouvement télégraphique avec l'Egypte et les Indes par nos lignes (2). M. Brett pouvait si peu ignorer les conséquences de cette stipulation, qu'il l'a signalée dans une circulaire publiée à Londres.

---

(1) « § 3.— M. Brett et sa Compagnie seront exonérés de l'obligation contenue dans le deuxième para-
« graphe de l'article premier de la convention précitée, si, dans le délai de deux ans, à partir du 1er août
« 1857, ils établissent une communication électrique partant d'un point quelconque de la ligne franco-
» sarde pour se diriger sur Alexandrie (Égypte) ou les Indes-Orientales, en passant par Malte et
« Corfou.

« Toutefois, *ce nouveau tracé de la ligne de l'Inde ayant pour effet d'enlever à la ligne de la Spezzia*
« *à Bone, le transit des dépêches de l'Égypte et de l'Inde, et de diminuer éventuellement le revenu de la*
» *ligne de l'Algérie,* il n'y aura lieu, de la part du Gouvernement français, si ce nouveau tracé s'effectue,
» au paiement de la portion d'intérêts qu'il a garantie à M. Brett et à sa Compagnie, qu'après que ces
« derniers lui auront *tenu compte,* sur le produit de la ligne, *d'une somme équivalente au montant des*
« *taxes que les dépêches transmises d'Égypte et de l'Inde auraient acquittées* pour leur parcours de la
« Spezzia à Bone, et *vice versâ,* si ces dépêches eussent suivi les lignes projetées à l'époque de la
» Convention de 1853 entre le ministre de l'intérieur et J. W. Brett.

(Convention additionnelle du 8 mai 1857. Décret du 15 juin.)

(2) Ainsi : taxe à tenir compte au Gouvernement français, par chaque dépêche simple venant des Indes
ou de l'Egypte; et comme si elle passait de Bone à la Spezzia. . . . . 7 fr. 50 c
Taxe réelle à laquelle notre Société à droit pour transmission entre Cagliari et la
Spezzia. 4   50

Perte par dépêche. 3   »

Ce qui, avec un mouvement éventuel avec l'Egypte, les Indes, la Chine et l'Australie de 100 dépêches par jour, donnerait lieu à tenir compte sur les garanties des deux gouvernements d'une somme
de 273,750 fr., ne rapporterait dans notre caisse que 164,250 fr. et nous causerait donc une perte annuelle d'environ 110,000 fr.!

Quand même il serait vrai (comme le conseil de M. Brett prétend) que le traité fait avec la Compagnie
de Malte et Corfou porte que les dépêches en question nous paieraient 6 fr. par dépêche, la perte pour
nous resterait toujours 1 fr. 50 par dépêche ou environ 55,000 fr. par an avec un mouvement éventuel
de cent de ces dépêches par jour, et encore cette stipulation serait-elle *contraire aux traités télégraphiques.*

Du reste, d'après le rapport de M. Charpentier du 16 février 1859, la convention même avec cette
Compagnie n'en indique pas la durée, et la signature authentique des directeurs manque.

XVI.

M. Brett a accepté pour transmission par nos lignes de la Spezzia jusqu'à Cagliari, un tarif de 4 fr. 50 par dépêche simple, tandis que pour la distance de Cagliari à Malte (égale à celle de la Spezzia à Cagliari), *le tarif est trois fois plus élevé.*

XVII.

Vous vous souvenez qu'en réponse à toutes les interpellations adressées à M. Brett par les actionnaires, et notamment lors de l'assemblée générale du 7 juillet 1858 ; au sujet du projet d'une ligne télégraphique autrichienne à établir de Raguse à Alexandrie, il a nié de la manière la plus formelle d'avoir négocié ou conclu un traité avec le Gouvernement autrichien pour l'établissement de cette ligne, rivale de la nôtre.

Cependant ce traité a été conclu par lui, d'abord en 1856, et définitivement le 17 septembre 1859, le document officiel (*Blue book*), publié par ordre du Gouvernement anglais, en fournit les preuves irrécusables. Je les ai mises sous les yeux du conseil de surveillance et de l'avocat de M. Brett, bien avant de vous informer de l'existence de ce traité à l'assemblée générale du 16 février 1859. C'est alors que, forcé de se rendre à l'évidence, M. Brett (de concert avec son solliciteur Pinniger), a prétendu dans la feuille volante (1) (datée 10 février) distribuée à cette assemblée, que le traité n'aurait été conclu que « pour tâcher d'obtenir à la Compagnie de la Méditerranée une partie « du trafic que la ligne autrichienne aurait pu absorber entièrement. »

Ce prétexte se trouve contredit par ledit document officiel anglais (*Blue book,* page 211), où le solliciteur Pinniger, écrivant au nom du sieur Brett au Gouvernement anglais (pour solliciter son appui en Autriche), par lettre

---

(1) Au lieu de vous indiquer dans cette feuille volante la ligne de *Raguse* à *Alexandrie*, on y parle de la création d'une ligne télégraphique de *Raguse* à *Trieste*, ligne qui existe depuis quelques années et n'est pas rivale de la nôtre. C'est détourner la question : la ligne de laquelle il s'agit, la ligne funeste à nos intérêts, est celle projetée entre *Raguse et Alexandrie*, et c'est ce projet que j'ai signalé au conseil de surveillance et à l'avocat de M. Brett.

du 24 juin 1856 (1), INDIQUE LE DANGER IMMINENT QU'IL Y AVAIT POUR L'AUTRICHE DE LAISSER LA VOIE DE CORSE ET DE SARDAIGNE DEVENIR LA GRANDE ROUTE TÉLÉGRAPHIQUE AUX INDES, ET DIT QUE C'ÉTAIT AFIN DE PRÉVENIR CE DANGER que le Gouvernement autrichien avait résolu de poser un câble de Cattaro ou de Raguse par Corfou à Alexandrie, et avait confié au sieur Brett l'exécution des travaux pour cette ligne, par contrat conclu pour compte et au nom de M. Brett par lui, Pinniger, et M. W. de la More, *alors secrétaire de notre Société*, AUX APPOINTEMENTS DE 10,000 FR. PAR AN.

Ce premier contrat (*Blue book*, page 212-14) ne dit rien relativement à la voie à suivre pour les dépêches entre Corfou et le continent européen ; mais M. Pinniger, dans sa lettre précitée, prétend qu'il était entendu que le Gouvernement anglais ainsi que la Compagnie des Indes auraient la faculté de faire transmettre *de* Corfou *vers* l'Angleterre leurs dépêches *venant des Indes* (Homeward messages (2), *ou* par l'Autriche *ou* par une autre voie. Il s'ensuivrait que, par ce contrat provisoire, une *chance, bien incertaine*, avait été laissée à notre Compagnie de faire concurrence à la Compagnie autrichienne *pour une part minime des dépêches de retour. Mais dans le traité*

---

(1) **Lettre de M. Pinniger, au Secrétaire du Trésor Anglais** (*).

Londres, 24 juin 1856.

MONSIEUR,

« Je suis chargé par M. Brett (qui est actuellement à Turin) de vous informer que, conjointement avec
« M. de la More, *je viens de conclure, pour son compte, avec le gouvernement autrichien*, un contrat des
« plus importants pour la construction et la pose de télégraphes sous-marins, qui accélère et facilite
« grandement le complément de la communication proposée avec les Indes et l'Orient.

« Son Excellence le Baron de Bruck, Ministre des Finances du gouvernement autrichien, a senti,
« depuis longtemps, l'importance qu'il y a pour l'Autriche d'assurer la continuation du mouvement
« télégraphique actuel par son territoire, ET QUI ÉTAIT EN DANGER D'ÊTRE DÉTOURNÉ PAR LA PRO
« POSITION DE FAIRE LA LIGNE DE FRANCE ET DE SARDAIGNE (PAR VOIE DE CAGLIARI, MALTE,
« CORFOU ET ALEXANDRIE) LA GRANDE ROUTE AUX INDES. »

(Traduction; extrait du Blue book, page 211, n° 184.)

(2) *Dépêches de retour.*

« Lesquelles (dépêches du Gouvernement anglais et de la Compagnie des Indes) il est bien entendu
« qu'ils (ce Gouvernement ou cette Compagnie) pourront expédier *vers* l'Angleterre *ou* par la voie de
« Sardaigne et la France ou par l'Autriche, selon leur bon plaisir. »

(Lettre de M. Pinniger, Blue book, page 211.)

(*) La lettre entière en anglais se trouve à l'Appendice, n° VIII, page XIII.

définitif (1) *conclu par le sieur Brett même avec le Gouvernement autri-chien* (2), et portant la signature de notre Gérant, cette faculté disparaît.

---

(1) **Contrat entre le Gouvernement Impérial et Royal Autrichien et M. John Watkins Brett, pour la pose d'une Ligne Télégraphique de Raguse à Alexandrie.**

« § 1. M. John Watkins Brett s'engage à établir une communication télégraphique de Raguse, par « Corfou, Zante et Candie, à Alexandrie en Egypte, à procurer et à poser le câble télégraphique « requis pour cette entreprise, et à fournir les appareils nécessaires pour travailler la ligne.

« § 2. Le câble télégraphique qui sera employé devra contenir trois fils de cuivre conducteurs, en-« tièrement distincts, de la meilleure qualité, de l'échantillon soumis par M. Brett au Ministère Im-« périal de Commerce, et devra être construit d'après la méthode la plus approuvée. M. Brett s'engage « à ce que chaque fil séparé soit en parfait état de fonctionnement, devra aux stations télégraphiques « joindre le câble aux appareils, aux stations télégraphiques, et il placera à chaque station un appa-« reil télégraphique de Morse pour chaque fil.

« § 3. M. Brett devra entreprendre et exécuter la ligne télégraphique de Raguse à Alexandrie de « telle manière que : d'abord la ligne entre Raguse et Corfou sera achevée, puis celle de Corfou à « Zante, et celle de Zante à Candie, et finalement celle de Candie à Alexandrie ; et la dite ligne sera « livrée au gouvernement impérial autrichien, en parfait état de fonctionnement, aussitôt que la ligne « télégraphique d'Alexandrie aux Indes sera achevée.

« § 4. Le gouvernement autrichien se réserve le droit de faire surveiller la construction du câble, « par telles personnes qu'il jugera convenable de nommer, afin d'acquérir la conviction que la t te « construction progresse d'une manière satisfaisante, et que le câble possède les qualités prescrites « dans l'art. 2.

« § 5. Le gouvernement impérial autrichien assure à M. Brett la somme de 500,000 livres sterling « (12,500,000) pour l'établissement, d'après contrat, de la ligne télégraphique entre Raguse et Alexan-« drie, somme de laquelle il recevra deux tiers en argent comptant et un tiers en actions de la Com-« pagnie autrichienne du télégraphe sous-marin à établir (§ 9).

. . . . « § 11. La taxe d'une dépêche d'Alexandrie à Raguse, et vice versâ, ne dépassera jamais « la somme d'un shilling (argent anglais) par mot, soit 1 fr. 25 c.

« Pour les dépêches qui ne seront expédiées que sur une partie de cette ligne, une taxe proportion-« nelle à la partie employée sera fixée.

« § 12. Le gouvernement de Sa Majesté britannique a donné l'assurance que sa correspondance « télégraphique entre l'Angleterre et les Indes sera expédiée *exclusivement par la ligne d'Alexandrie* « *Corfou*, et qu'aussi longtemps que cette ligne sera ouverte, *il n'ouvrira jamais* une ligne rivale « dans cette direction.

« Le gouvernement de Sa Majesté britannique et la Compagnie des Indes orientales se sont, de plus « engagés *à donner* LA PRÉFÉRENCE A LA LIGNE TÉLÉGRAPHIQUE PAR L'AUTRICHE (pour transmis-« sion) de et à Corfou. »

. . . .

Vienne, 17 septembre 1857.

Le Directeur des Télégraphes impériaux,

(Signé) BRUNNER,

JOHN W. BRETT.

(Extrait traduit du Blue book, *page 259, Annexe III au n° 219.)*

Voyez le contrat même en anglais à l'Appendice XI, page XIV.

(2) Qui l'a communiqué au Gouvernement anglais par lettre du Comte Buol, du 27 septembre 1857.

puisque le deuxième alinéa du § XII contient l'engagement *de donner la préférence à la ligne télégraphique par l'Autriche de et à Corfou.*

Le Gouvernement anglais, plus jaloux de maintenir sa pleine liberté dans le choix de la route pour sa correspondance, que M. Brett ne l'était de protéger les intérêts de notre Société, *refusa net* (1) de reconnaître l'engagement en question, engagement contraire aux stipulations précédentes de ce Gouvernement (*Blue book* , pages 216-17) et qui avaient été concédées par l'Autriche. Le document officiel nous apprend que le Gouvernement anglais, après avoir protesté contre cette clause (fatale à nos intérêts mais accepté par notre Gérant), a posé enfin comme ultimatum (2), le 20 mai

---

(1) Leurs Seigneuries doivent à présent faire observer le changement important dans les conditions posées maintenant par le Gouvernement autrichien et contenu dans le mémoire annexé à la lettre de Shelburne en question. Comme partie de la quatrième condition, le Gouvernement autrichien demande maintenant que « *le Gouvernement de Sa Majesté britanique et la Compagnie des Indes s'obligent à accorder la préférence à la ligne télégraphique vers et de Corfou* » Leurs Seigneuries considèrent ceci comme une stipulation à laquelle on ne devrait consentir sous aucune raison. Dès le commencement, il a semblé très-important à cette administration d'assurer une entière liberté dans la route à choisir pour transmission vers et de Corfou, puisque par ce principe seulement notre pays devient indépendant de l'Autriche ainsi que de la France, ayant en tous temps le choix entre les deux lignes.

Leurs Seigneuries ne sauraient donc consentir à abandonner cette condition.

(Traduction sur les minutes de la Trésorerie anglaise du 17 octobre 1857, Blue book, page 242, n° 220 .

« ..... Et que, comme le contrat avec M. Brett est de fait, et en tant que le Gouvernement autri-
« chien est concerné, basé sur un engagement que *le Gouvernement de Sa Majesté britannique ne sau-*
« *rait prendre,* ce Gouvernement doit se considérer libre de rechercher quelque autre ligne de commu-
« nication télégraphique avec les Indes. »

(Extrait d'une lettre du Comte de Clarendon à sir H. Seymour, ambassadeur anglais à Vienne. Minist.re des affaires étrangères, octobre 1857. Blue book, page 248, n° 221.)

(2) Contrat modifié, proposé le 20 mai 1858, par le Gouvernement anglais à celui d'Autriche, au sujet de leur garantie mutuelle d'un minimum d'intérêts au télégraphe sous-marin autrichien de Raguse à Alexandrie :

« 1° Il est entendu que le Gouvernement autrichien a fait un contrat pour l'établissement d'un
« télégraphe sous-marin de Raguse, en passant par Corfou et autres îles à Alexandrie ; que le câble
« doit être de la meilleure qualité, contenir au moins trois fils conducteurs, qu'il doit être posé franc
« de tout risque, et complété sous tous les rapports pour la somme de 500,000 liv. sterl.

« 2° Que lorsque la ligne sera posée, ou aussitôt après que cela pourra se faire convenablement, elle
« sera remise en mains d'une Compagnie particulière pour une période de 25 années.

« 3° Ceci bien entendu, le Gouvernement britannique est prêt à faire un contrat, par lequel il s'en-
« gage à *garantir pendant ces 25 années, à cette Compagnie, la moitié d'un dividende à raison de 6 0/0*
« *par an ;* la somme ainsi payable sera placée en compte pour les dépêches expédiées pour le Gouver-
« nement britannique et la Compagnie des Indes, et sera soumise aux stipulations ci-après mentionnées ;
« *le Gouvernement autrichien garantira l'autre moitié* (desdits 6 0,0).

« 4° Qu'en tout temps le tarif des dépêches sera fixé sous l'approbation du Gouvernement de Sa
« Majesté et du Gouvernement autrichien.

« 5° Que les dépêches du Gouvernement de Sa Majesté, y compris celles de la Compagnie des Indes, ainsi

1858(1), qu'il aurait la liberté de choisir pour transmission *de* Corfou de sa correspondance officielle la route *par l'Autriche* ou celle *par Malte*, toutefois en assurant de son côté à la ligne autrichienne la moitié (375.000 fr) d'un re-

---

« que celles du Gouvernement autrichien et des Gouvernements turc et grec, auront priorité sur toutes
« les autres dépêches (*), et que, pour ces dépêches entre elles-mêmes, elles auront priorité selon leur
« arrivée aux différentes stations; et que, si on l'exige, les dépêches du Gouvernement de Sa Majesté,
« y compris celles de la Compagnie des Indes, pourront être envoyées sur la ligne et à travers l'Autriche,
« en chiffres secrets.

« 6⁰ Que *de et vers* Corfou, une liberté parfaite sera exercée en ce qui concerne les dépêches an-
« glaises, pour les transmettre *ou par l'Autriche, ou par Malte, ou* par toute autre ligne qui pourra
« être établie plus tard.

« 7⁰ Qu'à Corfou, ainsi qu'à toute autre station sur la ligne, entre Raguse et Alexandrie, le Gouver-
« nement britannique aura le droit de nommer ses propres agents, pour recevoir et expédier ses dépê-
« ches, y compris celles de la Compagnie des Indes, et généralement afin de protéger les intérêts bri-
« tanniques.

« 8⁰ Qu'un arrangement sera fait avec la Compagnie à la satisfaction des deux Gouvernements pour
« le relevé des comptes annuels de recette et dépense, et indiquant le revenu net provenant de la
« transmission des dépêches du public.

« 9⁰ Que le *Gouvernement britannique paiera annuellement une somme de 15,000 liv. sterl.* pour les
« dépêches transmises pour elle et pour la Compagnie des Indes, ou telle part de cette somme qu'il
« faudra pour qu'elle forme avec la moitié du revenu net, provenant de la transmission des dépêches
« du public, 6 pour 100 sur la moitié dudit capital de 500,000 liv. sterl.; mais la somme ainsi payée
« *ne sera dans aucun cas au-dessous du montant qui serait dû*, d'après le tarif ordinaire, *pour la trans-*
« *mission de la correspondance* du Gouvernement de Sa Majesté et de la Compagnie des Indes, *quel que*
« *puisse être ce montant, et quand même il serait plus que 15,000 liv. sterl.*

« 10⁰ Qu'avec cet engagement de la part du Gouvernement de Sa Majesté, ce Gouvernement sera libre
« d'expédier entre Alexandrie et l'Angleterre ses dépêches et celles de la Compagnie des Indes, par
« toute ligne qui sera ouverte de temps à autre.

« 11⁰ Que le Gouvernement de Sa Majesté est prêt à coopérer avec le Gouvernement autrichien, afin
« d'obtenir le firman nécessaire pour autoriser l'établissement de la ligne de Corfou, au point le plus
« rapproché du territoire turc où elle touchera.

« 12⁰ Que le Gouvernement de Sa Majesté désirant que la ligne soit prolongée d'Alexandrie par la mer
« Rouge, des efforts seront faits à cet effet.

« 13⁰ Qu'en constituant la Compagnie, un des directeurs sera nommé par le Gouvernement britan-
« nique, un par le Gouvernement autrichien et trois par les actionnaires.

« 14⁰ Qu'en cas de guerre européenne, le Gouvernement britannique sera autorisé à exercer telle
« supervision qu'il jugera convenable sur toutes les dépêches arrivant à et quittant un point quelconque
« du territoire britannique auquel la ligne touchera ; et que, dans des circonstances analogues, le
« Gouvernement autrichien aura le même droit sur le territoire autrichien ; mais qu'en temps de paix,
« le droit des agents des Gouvernements respectifs aux stations le long de la ligne, sera limité à rece-
« voir et à expédier les dépêches de leurs Gouvernements respectifs, tandis que celles du public res-
« tent sous la seule direction des employés de la Compagnie. »
(Traduction du contrat modifié, Blue book, pag. 278 et 279, annexe 2 au n⁰ 240.)

(1) Jour où finit cette correspondance dans le *Blue book.*

*) Donc, pas de priorité pour les dépêches des autres Gouvernements.

venu net de 750,000 francs par an, l'Autriche même assurant l'autre moitié (1).

Cette contribution seule indique suffisamment que la correspondance officielle anglaise avec l'Égypte, les Indes, l'Australie et la Chine, ne passera par nos lignes qu'en cas de dérangement de cette ligne rivale. Quant à la correspondance privée, comme M. Brett sera un des cinq directeurs de la ligne autrichienne, et qu'il sera intéressé dans l'entreprise pour un tiers du capital (2), n'est-il pas à craindre qu'il incline pour cette entreprise au détriment de la nôtre, dans laquelle il n'a plus aucun intérêt.

M. Brett a, du reste (dans son contrat avec le Gouvernement autrichien, art. 11), accepté un *maximum* de tarif, pour transmission depuis l'Égypte par Corfou jusqu'en Autriche, de 26 fr. (3) *au-dessous du tarif* d'Égypte par Corfou, Malte et Cagliari à la Spezzia (*par nos lignes*).

Le contrat pour la ligne d'Autriche à Alexandrie a été fait à un prix *qui assure à M. Brett un bénéfice de six millions de francs au moins* (4), ce con-

---

(1) Ces négociations de M. Brett ont donc abouti à faire assurer à cette Compagnie, rivale de la nôtre, une garantie de minimum d'intérêt du double d'intérêt de celle qu'il nous avait promis pour nos lignes, mais qu'il ne nous a pas obtenu.

(2) « M. Brett a été nommé un des directeurs de la Compagnie autrichienne et il possédera un tiers « du capital, deux circonstances qui lui donnent une influence matérielle dans les affaires de ladite « Compagnie. »

(*Traduction de la lettre de M. Pinniger au Secrétaire de la Trésorerie anglaise*, Blue book, p. 201, n° 184).

(3) Pour une dépêche de quinze mots mots et cinq mots d'adresse, le tarif est :

D'après le contrat en question de M. Brett, pour transmission d'Égypte à Corfou.......	20 fr. » c.
Pour transmission de Corfou à Cagliari...	27 "
Pour transmission de Cagliari à la Spezzia...	4 50
	51 fr. 50 c.
D'après le contrat en question de M. Brett, le *maximum*, pour la ligne autrichienne entre l'Égypte et Raguse, est 1 fr. 25 c. par mot, donc pour quinze mots et cinq mots d'adresse	25 »
Différence en faveur de la ligne autrichienne........................	26 fr. 50 c.

(4) La distance de Raguse à Alexandrie est de 15'15", soit environ	1060 milles anglais.
Calculant *largement* pour perte, par suite de dérivation et profondeurs de la mer, ajoutons..	100 » »
	1160 milles anglais.
Ce qui, pour un *excellent* câble de trois fils conducteurs, à raison de 4000 fr. par mille, ne serait encore que..	4,640 000 fr.
Ajoutant pour tous frais imaginables de pose, d'assurance de la pose, de toutes sortes d'adversités, de dépenses et faux frais, la somme *énorme* de....................	1,860,000
Toute la ligne de Raguse à Alexandrie ne reviendrait donc qu'à..................	6,500,000 fr.

tandis que le Gouvernement autrichien s'est engagé à la payer à M. Brett 12,500,000 fr.

trat est toujours en vigueur (1) et j'ai des preuves en mains qu'encore ces jours-ci M. Brett s'est occupé sérieusement de son exécution (2).

XVIII.

D'après l'art. 17 (toujours en vigueur) de notre concession du 24 mai 1853, notre concession même *serait susceptible d'être annulée* si le concessionnaire (J.-W. Brett) établissait ou faisait établir une autre ligne télégraphique (que la nôtre) d'Europe à l'Égypte et aux Indes.

XIX.

Ainsi que nous l'avons vu à l'endroit des prospectus (page 1), M. Brett avait annoncé un contrat à forfait pour l'entière exécution de nos travaux aux risques et périls des entrepreneurs : donc pas de chances de perte pour les actionnaires. Bien loin de justifier d'un tel contrat, M. Brett a multiplié nos chances de perte en se chargeant lui-même de la pose de nos câbles, commençant ainsi, *à nos risques et périls,* un apprentissage qui, en cas de réussite, aurait pu lui servir de piédestal pour se poser en *homme-télégraphe,* glorification anticipée que M. Millaud lui décernait à notre assemblée du 15 juin 1857, dans sa « chaleureuse allocution » indiquée dans le procès-verbal aux 5-8 résolutions, rédigé par M. Macavoy (3).

Tandis que la pose de presque tous les câbles sous-marins a réussi à la première tentative, tandis que celle du nôtre, entre l'île de Sardaigne et Bone, a réussi lorsque MM. Newall et Cie l'ont entrepris, et que même le

---

(1) D'après le § 3 du contrat en question : « la ligne doit être livrée au Gouvernement autrichien « aussitôt que la ligne d'Alexandrie aux Indes sera achevée. » D'ici là, il y a encore du temps pour l'exécution.

(2) Le rapport de MM. Chatard et consorts, du 10 janvier 1859, vous promet que si vous accordez 200,000 fr. à M. Brett, il s'interdira de prendre part à aucune Compagnie pouvant faire concurrence à nôtre

C'est une garantie dérisoire qu'un tel engagement, de la part d'un homme demeurant en Angleterre, qui possède les contrats faits et peut les transférer à des associés ou se servir de prête-noms, et qui ne possède pas notre confiance.

(3) Voyez page 9.

transatlantique a parlé, nous avons, par *la ruine partielle* de notre Société, payé bien cher les échecs impardonnables de celui qui, entièrement dépourvu de l'expérience technique indispensable, même des connaissances les plus élémentaires requises pour ces travaux (1), aurait dû les confier à des ingénieurs compétents, sinon responsables (2).

Voilà les principaux griefs à ma connaissance. Si j'avais eu qualité pour examiner la prétendue comptabilité de notre Société, je vous aurais signalé plus spécialement les prix exagérés (3) des câbles, des nolis et tant d'autres dépenses; j'aurais pu vous soumettre, avec l'analyse des comptes,

---

(1) Dans ses prospectus-circulaires de 1853, M. Brett annonçait « *que la profondeur de la mer* (médi- « *terranée) était très-modérée depuis une côte jusqu'à l'autre (route soigneusement examinée).* » Or, dans sa lettre au Ministre de l'intérieur, du 15 août 1856, nous trouvons *1,900 mètres de profondeur* entre Gagliari et Galita !!!

(2) C'est au génie du professeur Wheatstone à qui nous devons ce précieux mode de communication.

M. Jacob Brett, frère de votre gérant, a obtenu, en 1849 et 1850, la première concession pour le sous-marin de Douvres à Calais, concession qu'il a cédé à la Société Wollaston et Cie, dont il était seul gérant, avec MM. Edwards et C.-J. Wollaston, jusqu'au 16 août 1851. C'est ce dernier qui a fait le versement du cautionnement de 50,000 fr. Ce n'est qu'au 16 août 1851, que M. John-W. Brett et d'autres sont devenus co-gérants de la Société Wallaston et Cie.

On voit donc que ce n'est pas à votre gérant qu'est dû ce télégraphe.

La pose des sous-marins de Douvres à Calais et à Ostende est l'œuvre de l'ingénieur Crampton; celle du câble de Weybourne à Emden a été confiée à l'ingénieur Canning; la pose de celui de Cagliari à Malte et Corfou aux ingénieurs de MM. Newall et Cie; et enfin, le transatlantique a été posé par l'ingénieur Charles Bright, créé baronet à cette occasion par Sa Majesté la reine Victoria. Cependant, M. Brett est membre des Conseils d'administration de ces différents sous-marins, mais sans que pour cela aucun de ces conseils ait jamais songé à confier la pose d'un de ces câbles à leur collègue, M. Brett, qui n'est pas du métier. Les actionnaires anglais attaqueraient devant les Tribunaux tout Conseil d'administration qui oserait exposer d'une telle manière leurs capitaux.

Lors de la pose du premier câble sous-marin, entre Douvres et Calais, il y avait à bord du navire, les ingénieurs Crampton, Wollaston et Henley; M. Brett n'était pas même à bord, lui qui, dans les cartes-prospectus des lignes projetées de notre Société, *a osé* se dire *inventeur des Télégraphes sous-marins*.

(3) Il arrive quelquefois dans les Compagnies, en Angleterre, peut être aussi ailleurs, que les contrats pour livraison de matériel ou pour entreprise à forfait, sont ostensiblement faits à des prix très-élevés, tandis que, par contre-lettre, les directeurs ou administrateurs se font assurer une forte commission.

les preuves à l'appui de mes observations aussi irréfutables (1) que celles que je viens de vous fournir à l'appui des griefs indiqués.

Ceux des Actionnaires qui n'ont pas assisté à l'Assemblée générale du 16 février 1859, et qui veulent s'éclairer davantage, trouveront à l'Appendice II les passages les plus significatifs, non cités encore, du rapport de M. Charpentier, seul membre du Conseil de surveillance qui ait fait sérieusement son devoir en nous renseignant, autant qu'il était en son pouvoir, sur la Gérance, et en nous signalant le pacte Brett-Millaud si funeste à la Société.

Dans l'Appendice V se trouve la copie d'un Mémoire publié en 1858, en Piémont, par un Actionnaire de notre Société. C'est un appel si loyal aux co-Actionnaires que j'ai cru devoir vous le communiquer.

L'Appendice Ier contient le procès-verbal de l'Assemblée générale du 16 février 1859, portant le nom du Président de cette Assemblée, M. Cavalli, colonel d'artillerie, et député sarde, de M. Bra, avocat, de M. Visconti, major pensionné, et de M. Constant.

J'appelle votre attention spéciale sur ce procès-verbal, conforme à la vérité, et portant la signature de personnes dont l'honorabilité offre des garanties incontestables. Ce procès-verbal mérite d'autant plus votre attention, que M. James Power (2) a fait distribuer un imprimé contenant un soi-disant compte-rendu de la séance du 16 février, *sans signature aucune*, mais imprimé en tête d'un prétendu compte-rendu d'une Assemblée du 23 février, Assemblée attaquée de nullité, et lequel compte-rendu de l'Assemblée du 16 février est évidemment inexact.

En 1856, une Commission a été nommée pour la vérification de la comptabilité. Un des membres de cette Commission, M. Mallat de Basilan, vous a

---

(1) Si j'ai donné trop de preuves à l'appui, c'est dans le but d'enlever à ceux qui *ont intérêt* à plaider la cause du Gérant contre celle des Actionnaires, la possibilité de vous induire en erreur par des allégations inexactes.

(2) Ce M. James Power représente M. Brett à Paris; il figure sur *nos* livres avec un traitement annuel de 10,000 fr. et le logement, et parmi les commissions accordées, nous le trouvons inscrit pour une somme de 12,500 fr. (à titre de gratification).

signalé entre autres l'absence de toute comptabilité régulière, des principaux livres, de l'encaisse et de cinq cents actions à la souche. Les deux autres membres, parmi lesquels était M. Chatard, ont jugé moins sévèrement cette comptabilité, mais n'ont pu l'approuver.

Un second examen vient d'avoir lieu par le Comité de surveillance, et à l'Assemblée du 16 février 1859, deux rapports ont été présentés. Celui de M. Charpentier, membre dissident, établit les faits les plus graves à la charge de la Gérance, nos droits à des reprises équivalant à un tiers de tout notre capital social, et conclut au rejet des comptes; responsabilité immédiate de MM. Brett, Millaud et autres; dénonciation à qui de droit du pacte en date du 23 octobre 1855 (Brett-Millaud).

Le rapport portant la signature imprimée de MM. Chatard, Mourgues, Carmichaël et Chaplin indique des irrégularités, des erreurs; mais il est muet sur les faits les plus graves (omettant avec soin de parler du pacte Brett-Millaud), et conclut à une transaction par laquelle vous abandonneriez vos réclamations contre M. Brett, en lui payant 200,000 fr. par-dessus le marché, tandis que la Société se chargerait des dettes et des procès du gérant. Les quatre signataires sont :

1° M. Chatard à qui (les livres l'établissent) des commissions ont été données pour les transactions relatives à l'émission Brett-Millaud, 1855 et 1856 ;

2° M. Mourgues, qui, en 1857, avait déposé une plainte contre M. Brett;

3° M. Carmichaël, qui s'est chargé d'assister M. Brett pour l'obtention de la concession Malte-Corfou, qui nous appartenait;

4° M. Chaplin, qui, je crois, n'a assisté à aucune des Assemblées générales, ni à aucune des séances du Conseil de surveillance et qui m'a annoné par lettre en 1857, qu'il avait donné sa démission de membre du Conseil de surveillance.

Cette comparaison conduit nécessairement tout Actionnaire sérieux à adopter la conclusion du Rapport de M. Charpentier, et à exiger, en conséquence, sous peine de poursuites judiciaires, la démission immédiate du gérant, avec remboursement intégral de ce qui revient à la Société, et obligation de sa part de payer les dettes, non connues encore, et de prendre à sa charge les procès de la Compagnie, procès dangereux, du moment que celui qui les a encourus peut avoir intérêt à prêter son appui à ses adversaires actuels.

On comprend que des Actionnaires puissent se décider, lorsqu'il s'agit de faits moins graves, à remplacer leur gérant sans le poursuivre pour les réclamations que la Société est en droit de lui faire ; mais ce serait chose inouïe que de donner une gratification de 200,000 fr. à ce même gérant, dont on a tant à se plaindre.

Ces observations n'ont trait qu'au résultat de la comptabilité. A combien plus juste titre encore n'avons-nous pas droit de prétendre à des dommages-intérêts certains *pour les lignes de Malte-Corfou et pour le contrat autrichien.*

Aussi ne saurait-on prendre au sérieux cette proposition de transaction. Ne serait-ce pas plutôt une manœuvre habile que de nous avoir ainsi menacé d'une créance du gérant contre la Société d'à peu près un million et demi, puis de nous avoir proposé un compromis de 200,000 fr., afin d'arriver plus sûrement à une retraite à peu près honorable et sans bourse délier de part et d'autre ? Ou bien ces 200,000 fr. auraient-ils une autre destination que nous ignorons ?

Pour entraîner l'Assemblée générale du 16 février 1859 à voter ces 200,000, on a donné lecture d'une lettre de M. le Ministre de l'intérieur du 5 février promettant toute la bienveillance du Gouvernement pour payer le minimum d'intérêts garantis à la Compagnie du Télégraphe Sous-Marin de la Méditerranée. Cette lettre a ensuite été amplifiée par cette explication, que ce minimum d'intérêt donnerait aux Actionnaires un intérêt de 12 p. 100 de la valeur actuelle des actions, et qu'ensuite la Compagnie obtiendrait le privilége exclusif de la concession d'une nouvelle ligne directe de Marseille à Alger ; mais *à la condition expresse* de ne pas faire de procès au gérant et d'accepter la transaction proposée par MM. Chatard et consorts.

La lettre peut exister ; mais *l'amplification est inexacte*, le Gouvernement veut protéger les intérêts des Actionnaires, la loi du 17 juillet 1856 en est la preuve. Donc le Ministre n'a pu vouloir nous imposer l'obligation d'accepter une transaction onéreuse pour la Société, pas plus que les avocats honorables cités dans le dernier Rapport de MM. Chatard et consorts ne permettraient que la Gérance se servit à chaque instant de leur nom pour nous engager à accepter cette transaction inadmissible, si on les avait informé *de tout ce que la* gérance a à se reprocher.

Le Gouvernement ne saurait vouloir nous punir de ce que nous demandons au gérant ce qui nous est due, et cela est d'autant moins supposable que, par le Commissaire placé par le Gouvernement près de notre Société, M. Boyer, le Gouvernement doit être, depuis longtemps, beaucoup mieux au courant de tous nos griefs contre le sieur Brett que ne le sont les Actionnaires ; que l'examen de la comptabilité a dû lui en montrer les défauts, et que les transactions Malte-Corfou et *celles pour la ligne autrichienne* n'ont pu échapper à son attention, puisqu'elles ont fait tant de bruit en Angleterre que la publication du *Blue book* en a été le résultat.

Si le Gouvernement avait la pensée que la gérance a fait tout ce qu'elle devait faire, il nous accorderait la garantie promise de 225,000 fr. par an, tandis que, s'il ne nous accorde que 165,000 ou 163,000 fr. par an, c'est qu'il a constaté que, par les fautes de la Gérance, la Société ne se trouve plus avoir droit à une garantie que sur 3,300,000 fr., au lieu de l'avoir sur un capital de 4,500,000 fr.

Intimement convaincu qu'on se servait à tort contre nous, de la lettre ministérielle comme d'un moyen d'intimidation, j'ai accompagné le colonel Cavalli (Actionnaire, porteur de procuration d'Actionnaires piémontais représentant plus d'un million), chez M. le Directeur de l'Administration des Lignes Télégraphiques. Nous avons expliqué à ce fonctionnaire le tort que faisait, à nous et nos commettants, la pression exercée sur les co-Actionnaires en menaçant notre Société de la disgrâce gouvernementale, si nous voulions exercer nos droits de reprises sur les comptes du sieur Brett, et sur notre demande, si telle pouvait être l'intention du Gouvernement, M. le Directeur nous a assuré *qu'il n'en était rien*, et que le Gouvernement voulait venir en aide aux Actionnaires, sans entendre exercer *le moins du monde* une influence quelconque sur nos démêlés avec la gérance.

Nous sommes donc libres de demander à voir clair dans notre Société et à nous faire rendre justice.

Décidé à faire reconnaître mes droits, je suis venu en France, et j'y resterai tant qu'il sera nécessaire, pour obtenir de la justice française réparation des torts que m'a fait le sieur Brett en ma qualité d'Actionnaire de notre Société, qui avait les chances de succès les plus certaines et qui est aujourd'hui réduite aux abois, Société dont les actions sont tellement dépréciées, que, de 250 fr., elles sont tombées à 60 fr., dont le crédit est pour l'instant ruiné, dont les engagements ne sont plus remplis, à qui l'on a laissé enlever quelques-uns de ses priviléges et menacé les autres. Triste et funeste résultat dû au sieur Brett et à ceux qui, par faiblesse ou par intérêt, lui ont prêté les mains, et que nous pourrons peut-être conjurer, au moins

en partie , si les Actionnaires peuvent rencontrer, dans un nouveau gérant
et un nouveau Conseil de surveillance , une direction et un concours ; non-
seulement honorables. mais éclairé par l'expérience du passé.

Paris , le 12 Avril 1859.

A. RUYSSENAERS,

2, rue Saint-Arnand.

1260 Paris, Typographie MAULDE et RENOU, rue de Rivoli, 144.